Eva M. Schulz-Jander

Von Kassel nach Haifa

euregioverlag

Impressum

Biografische Information der Deutschen Nationalbibliothek:
Die Deutsche Nationalbibliothek verzeichnet diese Publikation in der Deutschen Nationalbiografie; detaillierte biografische Daten sind im Internet über http://dnb.d-nb.de abrufbar.

Titelabbildung: Hans Mosbacher © Benyamin Maoz
Titel nach einer Idee von Ofra Goren.
Grafische Gestaltung: e-bildwerke, Kassel
Alle Abbildungen im Innenteil stammen aus den Archiven von Benyamin Maoz mit folgenden Ausnahmen: S. 14 und S. 123: © Burkhard Schulz-Jander, S. 86: © Nadav Kashtan
Lektorat: Astrid Mader und Sabine Kemna
Druck: Bräuning und Rudert OHG, Espenau-Mönchehof
Gesamtherstellung: euregioverlag, Kassel

Alle nicht gekennzeichneten Zitate stammen aus Gesprächen zwischen der Autorin und Benyamin Maoz.

D-34127 Kassel, Naumburger Str. 40
www.euregioverlag.de

ISBN 978-3-933617-33-0
Printed in Germany

Mit freundlicher Unterstützung der Kasseler Sparkasse und Sonja Kahn

Benyamin Maoz
Kassel 18.6.08

Eva M. Schulz-Jander

Von Kassel nach Haifa

Die Geschichte des glücklichen Juden Hans Mosbacher

Erzählt von seinem Sohn
Benyamin Maoz

für Michal, Ofra und Hagar
sowie deren Kinder

Kassel, 18/06/08

Danksagung

Geschrieben in Erinnerung an meine Eltern, Charlotte und Ludwig Gerstel, die trotz all ihrer Verwundungen immer wieder einen Neuanfang wagten und mich relativ unbeschadet durch die Wirren des 20. Jahrhunderts leiteten.

Sabine Kemna, Astrid Mader und Renate Matthei danke ich für ihre klugen Bemerkungen und Vorschläge, die aus einem rohen Text schließlich eine Geschichte und ein Buch werden ließen; mein Dank geht an Gunnar Richter von der Gedenkstätte Breitenau für seine hilfreiche Unterstützung bei der Archivrecherche; Thomas Ewald danke ich für die vielen guten Gespräche, die das Buch bereicherten; Nadav Kashtan, dem Urenkel Hans Mosbachers, für die unkomplizierte Bereitstellung der historischen Bilder von Haifa; Miriam Kashtan für das bereichernde Gespräch im Elternheim auf dem Carmel; meinem Mann Burkhard möchte ich danken für seine ständige Ermunterung weiterzumachen und Elly Maoz für ihre Begleitung und praktischen Ratschläge, sie war die Brücke zwischen damals und heute.

Eva M. Schulz-Jander

Vorwort

Kassel besaß einst eine große jüdische Gemeinde, die sich der Stadt verpflichtet wusste. Die jüdischen Bürgerinnen und Bürger waren bis zur nationalsozialistischen Barbarei in unserer Stadt integriert; sie lebten unter uns, waren Teil der Stadtgesellschaft, und leisteten einen bedeutenden Beitrag zum sozialen, kulturellen und wirtschaftlichen Leben Kassels. Das hat sie nicht geschützt; sie haben nach 1933 unter den entsetzlichen Verbrechen des nationalsozialistischen Deutschlands gelitten, viele von ihnen verloren ihr Leben. Ihr Beitrag zur Geschichte unserer Stadt wurde ausgelöscht.

Die Autorin Eva Schulz-Jander hat jetzt die Lebensgeschichte des wohlhabenden jüdischen Bürgers Hans Mosbacher aufgeschrieben, der 1937 aus Kassel vertrieben wurde und mit seiner Familie nach Palästina auswanderte. Hans Mosbacher war einer jener typischen Vertreter eines selbstbewussten, gebildeten und liberalen jüdischen Bürgertums, die nach der „Machtergreifung“, dem Terror der Nazis und der Entrechtung durch die „Nürnberger Gesetze“ 1935 zunächst in Deutschland blieben. Sie betrachteten sich als Deutsche, und hatten starke Bindungen an ihre Heimat. Gewaltsam wurde ihnen diese Verbundenheit ausgetrieben, aus dem sozialen und kulturellen Umfeld, das sie prägte, wurden sie herausgerissen.

Doch obgleich Hans Mosbacher das Schicksal vieler jüdischer Emigranten aus Deutschland teilt, die sich in Palästina niederließen, so hat er doch nie seine Lebensfreude, seinen Humor und seinen Sprachwitz verloren. Die emotionale Bindung zu seiner Kasseler Heimat nahm er mit nach Haifa, und so lebte in Israel in der Familie und im Freundeskreis ein Stück Kassel weiter.

Die Brücke, die Hans Mosbacher zwischen Haifa und Kassel entstehen ließ, betraten alle Familiengenerationen nach ihm. Seinem Sohn Benyamin Maoz ist es ein Anliegen geblieben, Kinder und Enkel – auch die seines Bruders – auf eine Reise einzuladen und sie dabei zu begleiten: in die Vaterstadt, zu ihren Wurzeln, zu den Gräbern ihrer Vorfahren auf dem Alten Jüdischen Friedhof in Bettenhausen.

Benyamin Maoz war sieben Jahre alt, als die Familie nach Palästina aufbrach. Es ist ein liebevoller Blick zurück, wenn er in seinen Erinnerungen das Bild seines Vaters zeichnet. Eva Schulz-Jander lässt uns durch ihre Erzählung am Leben Hans Mosbachers teilhaben. Wir lernen einen Menschen kennen, der sich die Fähigkeit zum Glücklichsein bewahrt hat. Doch blicken wir gleichzeitig auf die aussterbende Welt des früheren deutschen Judentums. Denn so sehr diese bemerkenswerte Chronik diesem lebensfrohen Menschen ein sprachliches Denkmal setzt und dem gängigen Erinnerungsdiskurs widerspricht, so macht sie uns gleichzeitig schmerzlich bewusst, wie viel wir verloren haben.

Es ist ein wunderbares Buch, das uns Eva Schulz-Jander und Benyamin Maoz geschenkt haben. Ich wünsche ihm viele Leserinnen und Leser.

Bertram Hilgen
Oberbürgermeister der Stadt Kassel

A person cannot learn Torah except from a place where his heart desires.

Avodah Zara, Yod-Tet[1]

The Leo Baeck Education Center in Haifa, Israel, has become such a place. It motivates young minds and hearts to perpetuate the heritage of the Jewish people. In so doing, it has fulfilled the vision of its beloved founder, Rabbi Dr. Meir Elk (1898–1984). It was Dr. Elk who laid the school's foundations and gave it ideological and daily practical direction in its first decades.

Arriving in Israel in the 1930's, the German Jewish leadership hoped to establish a free and pluralistic society that would be based on the humanistic values of liberal Judaism. The contribution of these extraordinary visionaries was incalculable. Seventy years later, in 2008, the Leo Baeck Education Center is an expression of the fulfillment of that vision and one of Israel's premier institutions of education, offering a unique blend of formal education and community outreach.

Inspired by his teacher, Rabbi Leo Baeck, Dr. Meir Elk envisioned a school based on the liberal, humanistic values of his alma mater, the famous Philanthropin School of Frankfurt. In 1947, Rabbi Dr. Leo Baeck visited Haifa, and at a moving ceremony at the Leo Baeck School, spoke of his pride and gratitude at having his name connected with "a famous school in Eretz Israel." By this time Rabbi Dr. Meir Elk, the founder and first headmaster of Leo Baeck, and members of his community such as Hans Mosbacher, could look back on nine years of intensive educational work during which he had built, from a single kindergarten class of 17 children, an eight-year elementary school with 260 students.

The kindergarten was originally opened to serve the children of Congregation Beth Israel, founded by Dr. Elk in 1936 for Haifa's German-speaking immigrants, and which, under Dr. Elk's inspiring leadership, developed a wide range of programs designed to serve the needs of the growing community. At the time of Rabbi Baeck's visit, the Leo Baeck School was already well known in Haifa, particularly for its special integration program for the children of the Holocaust.

Dr. Elk worked with unfailing energy to establish Leo Baeck as an institution that would always strive to teach its young people, in his words, "tolerance, understanding, and respect for any honest opinion that enhances humanism in the spirit of Rabbi Leo Baeck" in its own unique, progressive Jewish character.

As the first step in building the requirement for graduation, for Dr. Elk felt that "in order to understand Arab culture, customs, and religion, we must first know their language; this is essential if we are to find a path to peace." Thus it was during these early years, that the foundations were laid toward the realization of Dr. Elk's vision of the multi-faceted institution that is today's Leo Baeck Education Center on the French Carmel.

It was Dr. Elk's desire to integrate Jewish studies with secular subjects and a modern approach to study: Hebrew with English, Arabic, and Latin; Bible with critical commentary; Midrash with history, and Jewish thought with modern scientific inquiry. Students learned to question critically while honoring tradition and making it relevant to their lives. Its distinctive synthesis of secular and religious education and of formal and informal education has come to symbolize the finest values of Progressive Judaism. Like Dr. Elk, we at Leo Baeck today continue to believe that Judaism is not the mere acquisition of facts, but the inculcation of values; not only the striving for academic excellence but the forming of a caring, responsible member of the community. Jewish education is not a separate, unconnected entity but should be an integral part of every facet of our daily lives. Leo Baeck aspires not only to transmit knowledge of the Jewish heritage but also commitment to the Jewish destiny. To enhance the individual Jew is to advance the collectivity called the Jewish people.

The special spirit of Leo Baeck is reflected in its observance of tradition and its belief in scientific progress, in its synthesis of Jewish-Israeli values and the ideas of democratic liberalism, and in its combining the cultures of East and West, a vision that Hans Mosbacher, like his role model Leo Baeck, promoted all his life. The decision to add a synagogue and community center to the school on its new campus on the French Carmel was based on these values and has made Leo Baeck an education center in the full meaning of the word.

The past decade has been one of dynamic growth as Leo Baeck has responded to the challenges posed by an increasingly fragmented Israeli society beset by an array of social problems, an Israeli society in search of itself. Leo Baeck has met social crisis with the vision of an organic Jewish community based on tolerance, pluralism and self-help – a community in which people have confidence in their ability to make a difference. It is our vision and our pledge to help build a more educated, just and humane society, where the student, the individual is in the center.

Throughout the years, though it often functioned under very difficult circumstances, the school was always conscious of its special mission. If today it is a symbol of educational excellence, this is due to its inspired leadership, the brilliance and devotion of its teachers and their faith in their students, the allegiance of its students, and the strong support of its friends in Israel and throughout the world.

Leo Baeck has continually sought the human, Jewish and Israeli response to Israel's changing circumstances. By combining the ethical tradition of the Prophets with the liberating concepts of the Emancipation, of democracy, pluralism and equality, Israel can yet be a light unto the Jewish people and the nations of the world. With faith in this vision, Leo Baeck will continue to lead into the 21st century based on the three important pillars on which we stand: education, family and community and Jewish spirituality.

As Dr. Elk wrote in 1951: I regard the Bible as having been written by people, but what kind of people? People through whom the holy spirit glides and, above all, people for whom this message continues to beat throughout the generations: "God created Man in the Image of God. Every human being is 'like you.'... All people in the Bible are equal." We are proud to continue this legacy.

Dan Fessler
Headmaster and General Manager, Leo Baeck Education Center

[1] Babylonischer Talmud, Avodah-Zara, 19A

„Über viele Umwege wieder zurück nach Kassel"

Benyamin Maoz erzählt Eva Schulz-Jander von seinem Vater Hans Mosbacher (1882–1973), der als angesehener Kasseler Bürger nach Erniedrigungen und Schikanen sich 1937 gezwungen sah, mit seiner Familie sein geliebtes Kassel zu verlassen. Er fand in Haifa ein neues Zuhause und baute dort für sich und seine Familie eine solide Existenz auf. Zwar freute er sich, mit anderen zusammen in Haifa in einem deutschsprachigen Kulturkreis zu leben und über eine Leihbibliothek an die große deutsche Literatur herankommen zu können, sein Herz aber hing bis zu seinem Tod an seiner Heimatstadt Kassel.

Sein Sohn Benyamin Maoz, der als 7-Jähriger nach Palästina kam, versteht sich vollständig – nicht nur durch die Namensgebung dokumentiert – als Bürger des Staates Israel. Trotzdem lebt die unerfüllte Sehnsucht des Vaters im Sohn fort, dies bindet ihn noch heute an seine Geburtsstadt Kassel. Nicht so sehr seine Erinnerungen an die Kindheitstage sind es, die ihn die alten, meist zerstörten Häuser und Plätze aufsuchen lassen, sondern die Erzählungen seines Vaters von Verwandten und Bekannten, die ihn bei seinen Streifzügen durch das heutige Kassel begleiten, von denen er Eva Schulz-Jander berichtete.

Über Benyamin Maoz' Erzählungen ist Hans Mosbacher mit all seinen Erinnerungen über viele Umwege wieder nach Kassel zurückgekehrt. Zwar war Hans Mosbacher nach dem Zweiten Weltkrieg und der Shoah an den Juden Europas mehrfach zu Besuch in Kassel gewesen, und er hatte sich auch schon Anfang der 50er Jahre die deutsche Staatsbürgerschaft erneuern lassen, aber seine imaginäre Rückkehr über den Bericht seines Sohnes ist doch etwas tief Anrührendes.

Wie sehr hätte sich Hans Mosbacher über den ersten Internationalen Franz-Rosenzweig-Kongress 1986 in Kassel zum 100. Geburtstag von Franz Rosenzweig gefreut, zu dem so viele jüngere Verwandte, Freunde und Rosenzweig-Forscher aus aller Welt nach Kassel angereist kamen. Dies wäre wieder sein Kassel gewesen, denn natürlich kannte Hans Mosbacher Franz Rosenzweig, den vier Jahre Jüngeren, noch aus Kindheitstagen, die Familien lebten zeitweise kaum einen Steinwurf weit von einander entfernt.

Mehr noch hätte ihn gerührt, dass sein jüngerer Sohn Benyamin Maoz 1994 auf die Franz-Rosenzweig-Gastprofessur der Universität Kassel berufen wurde. Stolz hätte er zur Kenntnis genommen, mit welchem Interesse und welcher Faszination die Studenten in Kassel dem gepflegten Deutsch der

Vorlesungen des Professors aus Beer Sheva folgten und sich in dessen Seminaren engagierten. Aber am meisten hätte er die Streifzüge genossen, die sein Sohn und seine Schwiegertochter mit seinen Enkeln und Urenkeln durch sein erinnertes Kassel unternahmen.

Dies ist das eigentümlich Irrationale, das uns beim Lesen dieser „Geschichte des glücklichen Juden Hans Mosbacher“ ergreift. Sie stimmen uns wehmütig und versöhnlich zugleich. Diese Welt, die hier erinnert wird, war ein lebendiger Teil unserer deutschen Kultur. Sie ist mutwillig und brutal von deutschen Bürgern zerstört worden. Keine Erzählung, auch nicht die von einem „glücklichen Juden“, eines Optimisten, der – trotz aller Gräuel von Auschwitz – im langen Atem der Geschichte sogar Recht behalten hat, kann uns in Deutschland aus Schmerz und Trauer befreien, wenn wir mit diesem Abschnitt unserer Geschichte konfrontiert werden, die immer unsere Geschichte bleiben wird. Und doch überwiegt das Versöhnende in diesem Buch über Hans Mosbacher. Dies liegt darin, dass uns seine Geschichte von seinem Sohn Benyamin Maoz in dessen unverwechselbar vom Vater ererbten, humorvollen Art überliefert wird, die uns ermöglicht, mit der Trauer umzugehen.

Schon seine autobiographische Skizze, die Benyamin Maoz für den Band der Franz-Rosenzweig-Gastvorlesungen „Vergegenwärtigung des zerstörten jüdischen Erbes“ (1997) schrieb, trug die Überschrift „Von Kassel nach Haifa“. Diese Skizze schrieb er in Gedanken an seinen Vater. Nun erzählt er unter dem gleichen Titel „Von Kassel nach Haifa“ die Lebensgeschichte seines Vaters und bekennt der Chronistin Eva Schulz-Jander, dass er sie erzählen muss, weil es seine eigene Geschichte ist. Es ist etwas sehr Eigentümliches, wie oft das unerfüllte Sehnen der Elterngeneration in der Kindergeneration fortlebt und dabei oftmals eine nicht mehr tatsächliche, aber seelische Erfüllung finden kann.

Wolfdietrich Schmied-Kowarzik

Vorbemerkung

Wir alle kennen die Zeugnisse derer, die die nationalsozialistischen Vernichtungslager überlebt haben und deren Texte durch die Authentizität des Erlebten einen nicht zu hinterfragenden Wahrheitsgehalt besitzen. Doch zu Beginn des 21. Jahrhunderts, 70 Jahre nach der Vertreibung und der darauffolgenden Ermordung der europäischen Juden, kann man einen Paradigmenwechsel in der so genannten Holocaust-Literatur beobachten. In dem Maße, in dem die letzten Augenzeugen sterben, weitet sich der Blick auf den Holocaust. Einerseits sind es die Kinder oder gar Enkel der Überlebenden, die ihre Erfahrungen als Kinder traumatisierter Eltern in den unterschiedlichsten Gattungen verarbeiten,[1] andererseits entsteht so etwas wie eine „Erinnerungsliteratur aus zweiter Hand",[2] d. h. es entsteht eine Literatur, die von den Erinnerungen anderer lebt. Die gesamte Holocaust-Literatur, die Filme, Ausstellungen und Archive, bieten nachgeborenen Autoren ausreichend Stoff zur literarischen Verarbeitung. Sigrid Löffler stellt fest: *„Während die unvermittelte Erinnerung ins Archiv wandert und die Erinnernden verschwinden, tritt die vermittelte Erinnerung Nachgeborener in ihre Fußstapfen. Der Holocaust wird zum frei verhandelbaren Stoff, zum Gegenstand für Kunst wie auch für Kommerz. Wir stehen am heiklen Übergang von der Faktizität in die Fiktion."* Wie Binjamin Wilkomirski[3] sich einst der abrufbaren Bilder und Narrative des Holocaust, die inzwischen ins kulturelle Gedächtnis eingegangen sind, bediente und sie missbrauchte, so können die Später-Geborenen den im allgemeinen Gedächtnis gespeicherten Stoff für ihre literarischen Fiktionen finden und darüber verfügen.

Dieses Buch bietet eine weitere Perspektive auf die Geschichte der Juden. Wie in einem doppelten Spiegel, wie in der Spiegelung einer Spiegelung, sind die Erinnerungen in diesem Buch auf einer ersten Ebene doppelt gebrochen. Der Vater hat es erlebt und gelebt, der Sohn hat es erinnert und mir erzählt. Ich habe es gehört und aufgeschrieben, den Worten, wie in einer Ballade, eine Melodie gegeben. In der Literatur ist dies durchaus ein legitimes Stilmittel, das, vor allem im 18. Jahrhundert, die Glaubhaftigkeit einer Geschichte bezeugen sollte, aber wenn es um das Schicksal der Juden im Nationalsozialismus geht, der Text weder Erlebnisbericht noch Fiktion ist, dann wird es zum Problem. So spiegelt die Geschichte des Vaters auf einer zweiten Ebene die des Sohnes wider und auf einer vielleicht dritten schimmert meine eigene Geschichte durch, die der Chronistin.

Der Erzähltext handelt von Hans Mosbacher, der als Jude aus Kassel 1937 vertrieben wurde und mit seiner Familie nach Palästina ging. Die Geschichte Hans Mosbachers erlaubt einen Einblick in das zerstörte deutsche Judentum, exemplarisch dargestellt an der Lebensgeschichte eines typischen Vertreters des selbstbewussten jüdischen Bürgertums vor 1933 in Deutschland, eines Mannes, der sich durch vielseitige Interessensgebiete und Tätigkeitsfelder, vor allem aber durch Humor und Lebenswitz auszeichnete. Dieser Text unterscheidet sich von den vielen Vertreibungsgeschichten, denn er erzählt keine Opfergeschichte, sondern die eines Lebenskünstlers. Der Zusatz „glücklicher Jude"[4] im Titel des Buches steht im Gegensatz zu den gängigen Bildern und Erzählmustern, mit denen Juden im Erinnerungsdiskurs die Opferrolle zugeschrieben wird. Eine solche Zuschreibung erlaubt weder ein Schmunzeln noch ein ironisches Lächeln; der Titel des Buches reibt sich an den scharfen Kanten des öffentlichen Erinnerungsdiskurses.

Ferner endet der Bericht nicht mit der glücklichen Rettung in Palästina, sondern erzählt weiter von einem deutschen Immigrantenleben in Palästina/Israel und begleitet Hans Mosbacher bis zu seinem Tod. Auch hier unterscheidet sich der Text in seinem positiven Tenor von den vielen Berichten der „Jeckes", deren Probleme mit dem Klima, den mangelnden Sprachkenntnissen, dem Verlust der erlernten Berufe, der vertrauten Kultur, den beengten Wohnverhältnissen und vielem Anderen mehr inzwischen ausreichend dokumentiert sind.[5]

Ein weiteres unerwartetes Element der Erzählung sind die vielen offenen Fragen. Ist die Erzählstimme eines Textes diejenige derer, die es alles erlebt haben, oder diejenige derer, die dabei waren, so kann flüssig und endgültig erzählt werden, es bleiben keine offenen Fragen. Aber hier, bedingt durch die doppelte Spiegelung, ist der Text durchlöchert mit Leerstellen, offenen Fragen. Fragen, die gestellt werden müssen, denn wir haben seit Auschwitz die Unschuld des Erzählens verloren.

Der Text wird von zwei ganz unterschiedlichen Erzählstimmen getragen: Der primären Erzählstimme des Sohnes,[6] der einst Hans Bernhard hieß, und jetzt als Benyamin redet und sich an seinen Vater erinnert, und der sekundären Stimme der Chronistin, sie hört zu, schreibt auf und stellt die Fragen von heute an die Erinnerungen von gestern. Die Verwobenheit beider behandelt das nächste Kapitel.

Wie es dazu kam ...

Unser Haus in Kassel hat eine „Rosenzweig-Wohnung“. Und die Universität Kassel hat eine „Rosenzweig-Gast-Professur“. Warum Rosenzweig? Franz Rosenzweig, 1886–1929, einer der bedeutendsten Religionsphilosophen der Moderne, wurde in Kassel geboren; er verbrachte hier seine Kindheit und Jugend und machte am Friedrichsgymnasium sein Abitur. Die Familie Rosenzweig lebte schon seit Anfang des 19. Jahrhunderts in Kassel und gehörte zu den wohlhabenden und angesehenen Bürgern der Stadt. Der Vater, Georg Rosenzweig, baute die von seinem Großvater gegründete Drogerie zu einem erfolgreichen Lack- und Farbenunternehmen aus, war Stadtverordneter und später Stadtrat. Das Haus der Familie steht heute noch an der Terrasse 1.

Das Haus der Familie Rosenzweig an der Terrasse 1 in Kassel

Seit 1987 gibt es an der Universität Kassel eine nach Franz Rosenzweig benannte Gastprofessur. Jedes Sommersemester werden aus aller Welt Wissenschaftler unterschiedlicher Fachgebiete nach Kassel eingeladen, um – zumindest an der Universität – der neuen Generation, inzwischen schon die vierte nach dem Nationalsozialismus, eine Vorstellung von dem zerstörten jüdischen Erbe zu geben. Diese Juden und Jüdinnen, einst von den Deutschen von irgendwo aus Europa – aus Deutschland, Polen, Ungarn oder Österreich – vertrieben, kommen jetzt von irgendwo aus der Welt, aus Israel, Schweden, den Niederlanden, Frankreich, den USA oder Süd-Amerika, nach Kassel und vergegenwärtigen durch ihre Wissenschaft und ihr Leben für deutsche Studenten der dritten und vierten Generation das zerstörte jüdische Erbe. Während ihres Forschungsaufenthaltes müssen sie irgendwo wohnen, und so kamen sie zu uns, und wir kamen zu unserer „Rosenzweig-Wohnung".

Alle haben viel erzählt, ungeordnet erzählt. Erinnerungen, Träume, Alpträume, Begegnungen und Erlebnisse der Gegenwart, die die Vergangenheit aufleuchten ließen und die Zeit außer Kraft setzten; sie still stehen ließen. Emil Fackenheim z. Bsp. konnte in keinen Zug einsteigen und musste immer begleitet werden; Rafael Rosenzweig, der Sohn von Franz Rosenzweig, erzählte, wie er 1945 als 23-jähriger britischer Soldat das Rosenzweig Haus „besetzte" und sein legitimes Erbe einforderte; Jacob Goldberg erzählte, wie er den Namen Kassel zuerst an den Güterwagen las, die ihn und andere polnische Juden in die Lager transportierten und die Aufschrift „Heimatbahnhof Kassel" trugen. Unser Haus war wie eine archäologische Grabungsstelle. Schicht um Schicht wurde abgetragen und sorgfältig beiseite gelegt, umsortiert und zusammengesetzt oder als Erinnerungsscherbe aufbewahrt zu werden.

Einer, der besonders viel in seinen Erinnerungsschichten grub und große Stücke hervorholte, war Benyamin. Benyamin Maoz, Arzt und Psychiater in Israel, kam 1994 nach Kassel, in die Stadt, die er 1937 als siebenjähriger Hans Bernhard Mosbacher mit seinen Eltern verlassen musste. Er wohnte mit seiner Frau Elly drei Monate lang in unserem Haus. Hielt Vorlesungen und Seminare, aber die Vergangenheit, seine Kindheit in Kassel, drängte immer stärker an die Oberfläche und überlagerte die Gegenwart. 1929 geboren, 1937 vertrieben, und jetzt, 1994, wiedergekehrt als Gastprofessor, um hier für drei Monate zu leben. Benyamin ist der Erzähler dieses Buches. Er kam nicht als Besucher in ein Hotel, nein, er lebte in einer Wohnung, die den Anschein von einem „Zuhause" hatte, in der gegessen, gekocht und geputzt wurde und in die die drei Töchter, Michal, Ofra und Hagar, sowie Gäste zu Besuch kamen. Alles war normal, und nichts war normal. Es war der falsche Ort in Kassel, das falsche Haus, der falsche Garten. Es war ein Ort ohne Erinnerungen, der aber alle Erinnerungen zuließ, wenn nicht gar auslöste.

Elly verband keine Erinnerung mit Kassel, für sie war es eine weitere dieser traurigen, verregneten deutschen Städte. Sie lebte im Jetzt und Heute, während Benyamin immer mehr in seine eigene Vergangenheit zurückkehrte. Weil ich hier wohne und die Stadt gut kenne, fuhr Benyamin gerne mit mir in die Universität. Diese Fahrten durch die Straßen, die jetzt alle andere Namen haben, regten ihn an, mit mir über „damals" zu sprechen. Manchmal fuhren wir einfach ziellos herum, das heißt, ich fuhr und Benyamin redete. Redete er mit mir? Als er beispielsweise vor sich hin sprach, wie er als kleiner Junge einmal mit dem Roller die Hohenzollernstraße herunterschoss, und nicht mehr bremsen konnte, sodass er durch die geöffnete Kirchentür bis vor den Altar der Friedenskirche raste. *„Seither hatte ich Angst, die Kirchtürme würden mich jagen und erschlagen."* Redete er mit sich selbst? Mit wem redete Benyamin, wenn er auf diesen Fahrten durch Kassel im Sommer 1994 erzählte? Jedenfalls tauchten in den Straßen die verschütteten Zeitschichten wieder auf, und die Straßen hießen nicht mehr Goethe-, Pestalozzi- oder Friedrich-Ebert-Straße, sondern: Kaiser-, Prinzen-, oder Hohenzollernstraße. Und wir besuchten die Verwandten und Freunde: die Gotthelfts, die Plauts, die Rubensohns, die Hallos.[7]

„Ach, fahren wir noch kurz bei Hallos vorbei", und über jeden und jede gab es Geschichten, traurige und witzige. Sie hatten sich hier wohlgefühlt, die Mittelschichtjuden, die im besseren Viertel, im Westen der Stadt, wohnten, ihre Maler- oder Wollwäschereibetriebe, ihre Konfektions- oder Haushaltsgeschäfte hatten, ihre Feste feierten, in die Oper und ins Konzert gingen, sich am Kasseler Leben beteiligten. Eine Figur tauchte in fast jeder Geschichte aus Benyamins Archiv der Erinnerung auf: sein Vater, Hans Mosbacher.

Hans Mosbacher war der strahlende Wortheld jeder Geschichte, die Benyamin mir erzählte. Mit einem bonmot, einem Kalauer, einer kleinen Namensverdrehung, so erinnerte sich Benyamin, begleitete der Vater jedes Ereignis, das sich bei Hallos, Gotthelfts oder Plauts ereignete. Diese Form von Wortwitz war ein Talent, das Hans Mosbacher, aber auch viele seiner Freunde, auszeichnete. Es scheint ein rein männliches Talent gewesen zu sein, niemand berichtete je von einer Frau, die diese Form von Witz besaß.

Benyamin kennt noch unzählige dieser Aussprüche seines Vaters, witzige Kommentare zu einer Situation oder über einen Bekannten, Wortspiele aller Art. Es ist just wegen dieser Sprüche, dass Hans Mosbacher zur Legende wurde. Hans Mosbacher konnte mit diesem Sprachwitz, ohne je verletzend zu sein, seinen Freunden Wahrheiten ins Gesicht sagen, an denen, wären sie in anderer Form gesagt worden, manch eine Freundschaft zerbrochen wäre. Jede Eigenart eines Menschen konnte er sprachlich erfassen und zu einem

Die Familie Hallo im Oktober 1944 nach der Emigration in New York: In der Bildmitte die Großeltern Hallos: Toni und Emil Rubensohn. In der zweiten Reihe oben links: Dr. Gertrud Hallo, geborene Rubensohn (1895–1986), die Witwe von Dr. Rudolf Hallo (1896–1933), mit ihren 3 Kindern: Susanne (neben Gertrud), Ruth (2. v. rechts) und Wolfgang (Bill) Hallo (oben links). Des weiteren: Hedwig Stahl, geborene Rubensohn, eine Schwester von Gertrud, (unten rechts) mit ihrem Mann Rudolf Stahl (Bildmitte rechts) und deren Kinder: Hanna (vorne links) und Michael (oben rechts).

geflügelten Wort der Familie machen. Wenn Arthur Karlsruher, ein Nachbar und sehr kleiner Mann, zu Besuch kam, rief bald die ganze Familie: *„Da kommt Halb-Arthur."* So lachten sie und erfreuten sich an dem Wortspiel. Über den etwas missratenen Sohn von Ernst und Liese Plaut dichtete Mosbacher noch im Juni 1951:

Will man die Geschichte Gideons schreiben,
So ist am besten – man lässt es bleiben.
Sie wäre kein Beispiel der reinen Tugend,
Gewiss kein Lehrbuch für die Jugend.

Noch heute belebt Benyamin mit diesen Wortwitzen seine Erzählungen. Viele in Israel lebende ehemalige Kasseler Freunde, aber auch andere Bekannte, die Deutsch können, zitieren ihn bis heute. Die Rosenzweig-Gastprofessorin des Jahres 2001, Gerda Elata-Alster, die weder aus Kassel kommt, noch Benyamins Vater gekannt hat, aber den Sohn kennt, bedankte sich kürzlich nach einer Abendeinladung zum Essen mit den Worten: *„Das Essen war gut und reichlich und nicht so fett wie bei anderen Juden – das ist ein Spruch von Benyamins Vater."* So kehrt Hans Mosbachers Sprachwitz, der 1937 aus Kassel vertrieben wurde, auf diese Weise zurück in die Stadt. Diese ephemeren Gebilde aus Worten haben die Zerstörung überlebt und bleiben als Zeugen einer vergangenen Zeit in der Erinnerung haften. Benyamin hat seine Freude daran, seine Frau Elly kann sie goutieren, aber die drei Töchter können kein Deutsch mehr, und auf Hebräisch haben diese Witze nicht die gleiche Qualität, sie haben etwas sehr Europäisches, geprägt von einem gewissen Bildungsstand. Man hatte die gleichen Referenzsysteme und konnte sich über die leichte Verfremdung eines deutschen Klassikers, oder den Rhythmus eines Gedichtes, köstlich amüsieren, so sehr, dass diese Sprüche mündlich tradiert wurden. Keiner hat sie je aufgeschrieben, bis ich zu Benyamin sagte, dieses Stück deutscher Kultur dürfe nicht verloren gehen, jemand müsse alles aufschreiben. Aber leben sie dann noch, ohne die Mimik oder Gestik? Werden diese Sprachspiele nicht zu etwas sehr Künstlichem, wenn sie auf einer Buchseite eingefroren werden? Was verlieren sie von ihrer Originalität und ihrem Witz? Eigentlich brauchen sie die Stimme und müssen gehört werden, sie zu lesen, ist nicht das gleiche. Wenn Benyamin sie heute aus dem Gedächtnis zitiert, dann leben sie fort in seiner Mimik, der besonderen Betonung, den Pausen und vor allem dem Lachen, das sie immer begleitet. Auch ich lachte und sagte immer wieder, dass er alles aufschreiben sollte, das sei ein Stück jüdisch-deutscher Kulturgeschichte. Und Benyamin sagte dazu: *„Das kann ich nicht. Ich kann nicht gut genug Deutsch schreiben. Ich war ja erst sieben Jahre alt, als ich wegging, und auf Hebräisch geht es nicht. Mach Du es doch."*

Ich wollte das überhaupt nicht machen. Ich bin keine Historikerin. Ich mag keine staubigen Archive ... ich sträubte mich. Ich sagte: *„Ja, vielleicht"*, und meinte damit: *„Nein, ich will nicht."* Und Benyamin erzählte weiter. Ich hörte weiter zu und wurde zu einem Teil seines persönlichen Archivs der Erinnerungen. Er ging zurück nach Israel und fragte immer wieder: *„Wann kommst Du? Wann fangen wir mit der Arbeit an?"* Und eines Tages sagte ich dann doch: *„Ich komme nach Israel, höre Dir mit einem Kassettenrekorder zu und schreibe alles auf. Es darf doch nicht verloren gehen."*

Warum sagte ich die Worte, die ich gar nicht sagen wollte? Um aus dem Bann der Geschichten herauszukommen, aus der eingefrorenen Zeit und mich von den erzählenden Häusern zu befreien, die inzwischen auch ohne dass Benyamin dabei war, mit mir sprachen, wann immer ich vorbeifuhr? Wer wird befreit? Benyamin – von der Last des Vaters, den er auf den Schultern trägt – oder ich als Benyamins Erinnerungsarchiv, das er mir zur Verwaltung und zur Versprachlichung hier gelassen hatte?

Aber vielleicht sagte ich auch „ja", weil die Geschichten mich an meine eigene Familie erinnerten, vielleicht hat Benyamin sie mir auch deshalb so ungeschützt anvertraut. Er musste nichts erklären, vieles war bekannt und selbst erlebt. Die Familie meines Vaters gehörte ebenso zur assimilierten, etablierten jüdischen Mittelschicht wie die Mosbachers, zwar in einer Kleinstadt in Oberschlesien, aber die Geographie macht da keine Unterschiede. Viele bonmots oder Gelegenheitsgedichte könnten von meinem Onkel Max oder der Tante Dore stammen, meine Großmutter Julie war Benyamins Großmutter Clara nicht unähnlich. Aber endgültig habe ich mich wegen „Tante Käthe" dafür entschieden. Benyamin hatte, wie ich, eine Tante Käthe. Mit ihr haben die Geschichten überhaupt angefangen. Eines Tages sagte er: *„Lass uns mal bei Tante Käthe vorbeifahren"*. Den Satz kannte ich schon aus der eigenen Familie. Wir hatten beide eine „Tante Käthe", meine lebte weder in Kassel noch in Haifa, sondern zuletzt in Houston, aber sie war meine, wie auch Benyamins, Lieblingstante. Und da musste ich schließlich „ja" sagen, weil mir schien, dass die Geschichte Hans Mosbachers aufzuschreiben, gleichzeitig bedeutete, die Geschichte meiner eigenen Familie in einem ungeschriebenen Text mit zu erzählen, und auch sie vor dem Vergessen zu bewahren.

Also fuhr ich nach Israel, nach Even Yehuda, wo Benyamin wohnt, und verbrachte eine Woche mit ihm und Elly. Morgens saßen wir im Wohnzimmer und Benyamin erzählte. Es sprudelte aus ihm heraus, ich hatte keinen Einfluss auf das, was er mir erzählte. Es war kein gesteuertes Interview, höchstens mal eine kleine Nachfrage wegen eines Datums, eines Namens, der Rest war ein Monolog. Einmal fuhren wir im Zug nach Beer Sheva. Auf dieser Fahrt in den Süden saßen wir zwischen Soldaten mit ihren Gewehren. Benyamin redete auf Deutsch in meinen Kassettenrekorder und um uns herum sprachen alle Hebräisch. In diesem Zug trafen zwei Wirklichkeiten aufeinander – eine israelische von heute und eine jüdische aus ferner Zeit, als der Staat Israel kaum mehr als eine Idee war. Der Vater begleitete uns auf allen unseren Fahrten durch Israel. Als wir, auf einer anderen Reise, in einem anderen Zug, an Haifa vorbeifuhren, bemerkte Benyamin: *„Hier war die alte Abzweigung nach Damaskus, wo mein Vater viele Geschäftspartner hatte. Hier fuhr er oft vorbei, er reiste überhaupt viel in der Mandatszeit, in den Libanon und* *auch nach Damaskus. Dort musste er nicht Hebräisch sprechen. Sein Handel lief gut, weil er Französisch und Englisch beherrschte."*

Ich hatte meine Kassetten immer dabei, aber ich wollte auch alte Briefe und Zeitungen, einfach Papiere sehen, die die Leerstellen in den Erzählungen ausfüllen würden. Immer wieder fragte ich nach Papieren und Dokumenten, bis Benyamin anfing, in alten Schuhkartons zu suchen. Ungeordnet lag da vieles nebeneinander – *„Willst Du das haben? Das möchte ich noch behalten. Das kann doch kein Mensch lesen."* Diese Sätze sagte er mehrmals am Tag, denn das Papier war hauchdünn und brüchig, die Handschriften sehr altertümlich. Am Ende hatte ich meinen eigenen „Archivkarton" mit Texten, einigen Briefen und Bildern, einen knallblauen Karton, in dem einmal sehr teure Stiefel gewesen waren. Ich hatte mein eigenes „blaues Hans-Mosbacher-Archiv".

Als ich wieder zu Hause war, transkribierte ich die Kassetten und ordnete die Dokumente. Bei diesen Vorarbeiten wurde mir, der Chronistin, deutlich, dass es Benyamin darum ging, seinem Vater mit dieser vergangenen deutsch-jüdischen Geschichte ein Denkmal aus Worten zu bauen. Aber warum erinnert sich jemand, der seit seinem siebten Lebensjahr in Palästina/Israel lebt, so spät im Leben an die Geschichte seines Vaters und nicht an seine eigene? Weil der Sohn den eigenen Vater von klein auf bewunderte und noch immer bewundert, obwohl er selbst schon über siebzig ist? Besitzt der Vater Fähigkeiten und Talente, die der Sohn sich wünscht, und die durch die Erinnerungen und Erzählungen fast zu den eigenen werden? Das sind Fragen, die andere sicher besser beantworten können als ich. Aber beim kritischen Hören und Wiederhören der Kassetten fiel mir auf, dass Benyamin die Menschen und Situationen des heutigen Alltags, denen wir bei unseren Gesprächen und Fahrten in Deutschland und dann auch in Israel begegneten und die wir erlebten, durch die Augen seines Vaters wahrnimmt, ganz gleich ob es sich um die israelische oder die deutsche Gegenwart handelt. Für jede Situation gab es ein Vaterwort, ein deutsches Vaterwort, das die Situation etwas ironisch distanziert betrachtete. Wünscht Benyamin sich diese Fähigkeit der sprachlichen Eindämmung des Lebens, die gleichzeitig ein Schutzmantel vor Verletzungen ist?

So transportiert das Buch mit der Vatergeschichte auch eine Vater-Sohn Geschichte. Als übermitteltes Erinnerungsbuch erzählt es neben der deutsch-jüdischen Bindestrich-Geschichte gleichzeitig etwas von dem prägenden Einfluss, den diese jüdische Sozialisation vor 1933 in Deutschland auf die nachfolgende Generation hatte.

Ich werde sie erzählen, die Geschichte von Hans Mosbacher, dem Vater des Psychiaters Benyamin Maoz, alias Hans Bernhard Mosbacher. Ich werde sie erzählen, so wie ich sie gehört habe, nicht wie sie wirklich gewesen ist, aber wie sie sein Sohn erinnert. Die Fakten stimmen vielleicht nicht immer, die genauen Daten sind inzwischen verwischt, aber *„manchmal stellen Tatsachen auch eine Bedrohung für die Wahrheit dar"*, wie Amos Oz es in seiner eigenen Familienchronik „Eine Geschichte von Liebe und Finsternis" formuliert. Dieser Satz befreit mich von der Last, Benyamins Erinnerungen anhand von Archivdokumenten zu überprüfen, um sie aus seiner persönlichen Wahrheit in die der Tatsachen und Fakten zu übertragen.

Aber was bedeutet es, aus dem Erzählten eine erzählte Geschichte zu machen? Die ungeordneten Wortfetzen, die Benyamin mir beim Besteigen eines Zuges, beim Abwaschen oder Einkaufen erzählte, in geordnete Worte zu verwandeln? Ist es nicht eine Reduktion des Erzählten, in diesem Fall der Person Hans Mosbachers, der sich nicht mehr wehren, nichts mehr richtig stellen kann? Als sekundäre Erzählstimme war ich wie ein Dompteur gezwungen, Erzähler und Erzähltes zu zähmen, in eine Ordnung einzufügen, beidem eine Struktur zu geben, die Erinnertes und Erzähltes vorher nicht hatten. Und daraus entstand gezwungenermaßen etwas Neues, Anderes, eben ein erzählter Text.

Herkunft und Lehrjahre

Hans Mosbacher war der Sohn von Clara (1859–1942) und Bernhard Mosbacher (1851–1927). Die Familie Mosbacher stammte ursprünglich aus Marktbreit in Franken.

Clara Mosbacher, die Mutter von Hans Mosbacher

Bernhard Mosbacher, der Vater von Hans Mosbacher

Dort waren sie seit Generationen Weinhändler gewesen. Bernhard und sein Bruder Louis (1861–1930) kamen, Benyamin vermutet um das Jahr 1876 herum, nach Kassel. Dort wechselte Bernhard Mosbacher die Branche und betrieb an der Fulda, in Bettenhausen, hinter der Salzmann Spinnerei, eine Wollwäscherei in der Sandershäuser Straße. Benyamin erinnert sich nicht mehr an die Hausnummer, dafür aber an die Telefonnummer „Bettenhausen 51“. Louis hat wohl Jura studiert und wurde Anwalt und Geschäftsmann in Kassel, später in Berlin, wo er 1930 verstarb. Benyamin vermutet, er sei der intellektuellere der beiden Brüder gewesen, worauf auch seine Bekanntschaft mit Franz Rosenzweig deuten könnte.[8] Dieser beschreibt Louis Mosbacher im Mai 1919 folgendermaßen:

> *Einstein habe ich bei dieser Gelegenheit gesehen. Er macht schon einen grossen Eindruck (etwas Typ Louis Mosbacher ins humoristisch-groteske gesteigert), ...*[9]

Louis Mosbacher spielt in der Familiengeschichte Benyamins keine weitere Rolle. Anfangs war das Verhältnis der Brüder zueinander herzlich und eng, aber mit den Jahren scheinen sie sich auseinander gelebt zu haben.

Die Mutter Clara, eine geborene Gotthelft, stammte aus der Drucker- und Verlegerfamilie Gotthelft, die seit 1841 in Kassel eine Druckerei betrieb. Ab 1853 gab die Familie Gotthelft die Kasseler Zeitung „Gewerbliches Tageblatt und Anzeiger“ heraus, die 1866 in „Casseler Tageblatt“ umbenannt wurde. Unter diesem Namen überdauerte die Zeitung Kaiserreich, Weimarer Republik und die Wirtschaftskrise, bis am 30. September 1932 die letzte Ausgabe des „Kasseler Tageblattes“[10] erschien und in den gleichgeschalteten „Kasseler Neuesten Nachrichten“ aufging.

Fritz Mosbacher, der Bruder von Hans Mosbacher, mit Papagei Jacko

Über Clara schrieb ihr Bruder Richard in seinen 1922 erschienenen „Erinnerungen aus guter alter Zeit“: *„Meine Schwester Clärchen wurde nach Verlassen der Schule für den Beruf einer künftigen Hausfrau im Kochen, Nähen, Bügeln usw. ausgebildet.“*[11] Bernhard und Clara Mosbacher heirateten am 28. Juli 1878 in Kassel und hatten drei Kinder: Lotte, geboren am 22. Mai 1879, Hans, geboren am 25. April 1882 und Fritz, geboren am 1. Oktober 1883. Es ist als ob Hans Mosbacher, wie Pallas Athena, erst als Jugendlicher „geboren“ wird. Jedenfalls ist über seine Kindheit nichts bekannt. Es gibt nicht einmal ein Kinderphoto. Hat der Vater nichts erzählt? Oder erinnert sich der Sohn nicht mehr? Das Kind Hans Mosbacher bleibt weitgehend unbekannt.

Die Familie Mosbacher war eine moderat assimilierte jüdische Familie. Hans durfte den Weihnachtsabend bei den Großeltern Gotthelft in der Villa in der Kölnischen Straße verbringen. Claras Eltern, Adolf und Fanny Gotthelft, hatten das Haus in der Kölnischen Straße 42 im Jahre 1886 für 70.000

Mark erworben. Fortan wurde es nur noch „die Villa“ genannt und war Treffpunkt der ganzen großen Familie, hier trafen sich Kinder und Schwiegerkinder, Enkel und Freunde, auch die Freunde der Kinder und Enkel waren jederzeit willkommen in „der Villa“.

> *Sonntagabend waren sämtliche Kinder und Enkel dort versammelt, und die Tafel in dem großen Speisezimmer dehnte sich, dank dem Familienzuwachse, mit den Jahren immer weiter aus. ... Ein eigenartiger Zauber brachte hier eine familiäre Stimmung hervor. Aber nicht allein die Sonntage vereinte die Familie regelmäßig dort, auch die Oster-, Pfingst- und Weihnachtstage, ebenso der Neujahrstag gehörten den Eltern. Das waren Festtage im wahrsten Sinne des Wortes. Feiertagsstimmung herrschte in der Villa, wenn Vater und Mutter an der langen Tafel im Kreise ihrer Kinder und Enkel saßen und das Schönste und Beste, was die Küche und Keller boten, ihren großen und kleinen Gästen vorsetzten. Wenn dann erst mein Vater zum Schluß ein Gläschen Sekt spendierte und meistens in herzlichen Worten seiner Festesfreude Ausdruck gab, dann war der Höhepunkt erreicht.*[12]

Dank der Erinnerungen Richard Gotthelfts, Onkel Richard, wissen wir, wo und wie Hans Mosbacher die Sonn- und christlichen Feiertage verbrachte. Später verkehrte er immer noch gern in der Villa und scheute sich nicht, auch als junger Mann seine Freunde mitzubringen. Richard Gotthelft berichtet gleichfalls, dass Ernst Stern, *„als Busenfreund von Hans Mosbacher häufig in das gastliche Haus meiner Eltern kam.“*[13]

Sicherlich bedingt durch das gastliche Haus der Großeltern Gotthelft hatte Hans zu seiner Mutter Clara ein inniges Verhältnis, während seine Beziehung zum Vater eher kühl und distanziert blieb.

> *Es waren alle sehr assimilierte Juden. Aber die meisten waren nicht getauft. Eine der frühesten Erinnerungen von Hans Mosbacher war der Heiligabend bei den Großeltern Gotthelft. Sie gehörten alle zum Großbürgertum, und die meisten waren wohlhabend, aber nicht reich.*

Wie das Weihnachtsfest im Hause Gotthelft genau verlief, ist nicht überliefert. Benyamin nimmt an, es habe ein festliches Essen, einen Weihnachtsbaum und Geschenke gegeben. Wahrscheinlich verlief dieser Abend nicht viel anders als bei anderen assimilierten Juden des 19. und frühen 20. Jahrhunderts. Die Erinnerungen Walter Benjamins und Gershom Scholems können hier vielleicht einen Eindruck des christlichen Festes in jüdischen Häusern geben.

> *„In unserer Familie wurde Weihnachten gefeiert mit Hasen- oder Gänsebraten, behangenem Weihnachtsbaum, den meine Mutter am Weihnachtsmarkt an der Petrikirche kaufte, und der großen ‚Bescherung' für Dienstboten, Verwandte und Freunde. ... Eine Tante, die Klavier spielte, produzierte für die Köchin und das Zimmermädchen ‚Stille Nacht, heilige Nacht', und nicht nur diese, sondern auch einige der Geladenen sangen die herzergreifende Melodie."*[14]

Warum feierten jüdische Familien überhaupt dieses Fest? Weil sie sich als Teil der deutschen Gesellschaft betrachteten, und für sie Weihnachten kein christliches, sondern einfach ein deutsches Fest war, das alle, folglich auch Juden, in Deutschland feiern konnten.[15] *„Aber auch wegen des christlichen Personals, die musste man doch beschenken, das erwarteten sie, und da konnten die Kinder auch gleich mit beschenkt werden,"* fährt Walter Benjamin fort und seine Erinnerungen decken sich hier mit denen Scholems.[16] Es gibt auch noch eine Weihnachtsgeschichte aus der Jugendzeit Hans Mosbachers.

> *Sie waren wieder einmal, im Jahr 1924, alle gemütlich zusammen, an einem 24. Dezember in Kassel. Hans und Fritz Mosbacher, die Gotthelfts, aber auch Franz und Gertrud Wallach. Gertrud erwartete jeden Moment ihr erstes Kind. Da knieten Hans und Fritz sich vor ihr nieder und sangen voller Hingabe „Ihr Kinderlein kommet" zur großen Erheiterung der Gäste. Das Kind wurde auch tatsächlich in der Nacht noch geboren. Heinz Peter Wallach, später Benyamin Wallach wurde am 25. Dezember 1924 geboren.*

Wie war es aber Zuhause bei Bernhard und Clara Mosbacher? Gab es da auch ein Fest mit einem Baum und Geschenken? Nein, das gab es nicht, Bernhard Mosbacher kam, im Gegensatz zu Clara, aus einem frommen jüdisch-orthodoxen Haus in Marktbreit. Er lebte ein bewusst traditionelles jüdisches Leben. Die hohen Feiertage wurden selbstverständlich gehalten. An diesen ging die Familie in die Synagoge, der Sederabend, der Vorabend des Pessach-Festes, wurde gefeiert, aber schon die Söhne Bernhards, Hans und Fritz, fanden die Zeremonie „eintönig und blöd". Die Befreiungsgeschichte der Israeliten, gelesen in einer ihnen unverständlichen Sprache, langweilte sie, also haben sie so lange herumgealbert, bis sie endlich rausgeschickt wurden. *„Das ist, warum mein Vater nie einen Sederabend leiten konnte, bis an sein Lebensende nicht."*

Aber die Tradition bestimmte nicht das ganze Leben Bernhard Mosbachers; auch er fing an, sich zu assimilieren. Frank Roland Klaube berichtete in einem Vortrag, gehalten am 9. Dezember 2007 im Kasseler Kultursalon, Folgendes:

> *Ein anderer jüdischer Stifter, der Direktor der Wollhandels-GmbH und der Dampfwäscherei Mosbacher AG in Kassel-Bettenhausen, Bernhard Mosbacher, richtete zu Anfang des 20. Jahrhunderts eine Stiftung ‚zugunsten armer Konfirmandinnen im Stadtteil Bettenhausen' ein. Leider wissen wir nichts weiter darüber, was Mosbacher zu dieser speziell christlichen Zweckbestimmung veranlasst hat. Vielleicht war sie für Kinder von Mitarbeitern gedacht.*[17]

Bernhard Mosbacher war Freimaurer und der einzige Jude in der Kasseler Loge. Als ein zweiter Jude um Aufnahme bat und abgelehnt wurde, trat er aus der Loge aus und gründete in Kassel 1888 einen Zweig der jüdischen B'nei Brit Loge.[18] Wer der zweite Jude war, der sich um Aufnahme in die Freimaurer Loge bemühte, ist unbekannt. *„Bernhard Mosbacher war ein stolzer Jude, der sein Jüdischsein nicht versteckte"*, fügt Benyamin hinzu, aber es war wohl eher der Stolz auf die Herkunft und ein offenes Bekenntnis der Zugehörigkeit zum jüdischen Volk, als ein Bestreben, den Alltag durch die jüdischen Gesetze zu gestalten.

Die Schwiegereltern Hans Mosbachers, Rose und Moritz Rosenberg aus Eschwege, um 1934

Überhaupt: Wie verhielt es sich mit den assimilierten Juden in Deutschland? Da fällt Benyamin die Geschichte seiner Großeltern mütterlicherseits ein, den Rosenbergs aus Eschwege. Sie hielten sich überhaupt nicht mehr an die jüdischen Traditionen, wussten aber, wann die Feiertage waren und hatten es sich zur Gewohnheit gemacht, am Yom Kippur, dem Versöhnungstag, dem höchsten jüdischen Feier- und Fasttag, jüdische Junggesellen in Eschwege zum Mittagessen einzuladen, zu Hasenbraten. Gegen wie viele Gesetze kann man verstoßen?[19] Aber warum taten sie das? *„Ja, weil sie dachten, es wäre nicht schön, wenn an diesem Tag jüdische Junggesellen in ein christliches Restaurant gehen müssten, denn alle in Eschwege wussten schließlich, wann Yom Kippur war."* Eine merkwürdige Geschichte. Wieso wussten eigentlich alle in Eschwege, wann Yom Kippur war? Das überrascht uns heute genauso sehr wie die Tatsache, dass jüdische Junggesellen am Yom Kippur in ein Restaurant gehen würden, wären sie nicht von einer jüdischen Familie zu Hasenbraten eingeladen worden.

Die meisten liberalen jüdischen Familien, in Kassel wie in anderen deutschen Städten, glaubten, die Ziele der jüdischen Aufklärer des 18. Jahrhunderts seien nun endgültig verwirklicht. Sie hatten sich aus der Tradition jüdischer Gelehrsamkeit, bestimmt durch Torah und Talmud, gelöst, hatten sich dem europäischen Denken geöffnet und nahmen aktiv am gesellschaftlichen Geschehen teil. Jüdische Existenz wurde in einer nicht-jüdischen Gesellschaft scheinbar ganz selbstverständlich gelebt. Man verstand sich als mitgestaltender Teil der modernen Gesellschaft und nicht mehr an deren Rand.

Soviel zum Jüdischen in Hans Mosbachers Jugend. Er ging in Kassel zur Grundschule und dann zur Oberrealschule, nicht zum Gymnasium. Die Oberrealschule war eine modernere Schulform, an der die Schüler nicht mit

Die Schulklasse der Oberrealschule von Hans Mosbacher um 1895

Griechisch und Latein geplagt wurden, sondern moderne Sprachen lernten. Hans Mosbacher wollte Sprachen lernen, um mit den Menschen zu reden und Zeitungen und Literatur zu lesen. Er hatte sogar den Ehrgeiz, irgendwann einmal in fremden Sprachen zu schreiben. Trotz des Unterrichts, der sich auf Lesen und Übersetzen konzentrierte, sprach er, wenn auch mit obligatem deutschen Akzent, am Ende seiner Schulzeit, als er mit 18 Jahren das Abitur bestand, recht gut Englisch und Französisch.

Die Opernsänger Siegmund und Therese Weltlinger, die seit 1890 in Kassel lebten.

Mosbachers nahmen am Kulturleben der Stadt teil. Sie gingen in Konzerte und in die Oper. Unter den Musikfavoriten war, wie bei so vielen Juden der damaligen Zeit, natürlich Wagner. Louis Mosbachers Frau, Tante Rosa, war Sängerin und machte Mosbachers mit dem Sängerehepaar Weltlinger bekannt. Der Opernsänger Siegmund Weltlinger und seine Frau, die Sängerin Therese Weltlinger, geb. Pollak, kamen 1890 von Hamburg nach Kassel und sangen bevorzugt in Wagner Opern. Verschiedene Engagements an deutschen Bühnen, zuerst in Berlin und später in Hamburg, führten die Weltlingers von Österreich-Ungarn nach Deutschland. 1890 erhielt Siegmund sein letztes Engagement am Königlichen Theater in Kassel. Er stammte aus einer orthodoxen jüdischen Familie, sein Vater wurde als Talmudgelehrter bezeichnet. Aber schon die nächste Generation, also die des Opernsängers Siegmund, entfernte sich von der Tradition und wurde zu jüdischen Deutschen, wie andere katholische oder evangelische Deutsche waren. Religion war im Laufe des Assimilierungsprozesses für Juden zur Privatsache geworden. Man kann von einer „Konfessionalisierung als Juden und einer Nationalisierung als Deutsche“[20] sprechen. Therese Weltlinger stammte aus einer Familie, deren Akkulturation bereits weiter zurück lag. Ihr Vater war Arzt und von sehr liberaler Gesinnung, sein Einfluss auf seinen Schwiegersohn war groß, aber noch größer war vielleicht sein Einfluss auf die Entwicklung seines Enkels, Siegmund Weltlinger (1886–1974), der Sohn des Opernsängers gleichen Namens. Ob

Hans Mosbacher mit dem Sohn, Siegmund Weltlinger, befreundet war, wissen wir nicht. Jedenfalls verbrachte dieser seine Jugend auch in Kassel, war Schüler des Friedrichgymnasiums, machte eine Lehre als Bankkaufmann in Berlin, überlebte den Nationalsozialismus in einem Versteck in Berlin und gehörte nach dem Ende des Nationalsozialismus zu den frühen sozialdemokratischen Kommunalpolitikern Berlins.

Hans sollte Musikunterricht haben, und die Familie entschied sich für die Geige. Aber er spielte das Instrument mit wenig Begeisterung und *spielte schlecht*, wie sein Sohn sich erinnert. Seine ganze Liebe galt der Literatur. In der Bibliothek der Eltern Bernhard und Clara Mosbacher standen die deutschen Klassiker: Schiller, Goethe, Herder, Lessing, Kleist, Heine und Fontane, die Hans schon früh las, ganz aus eigenem Interesse und nicht, weil sie Stoff des Deutschunterrichts waren. Aber er kaufte auch neue Bücher dazu; die Großen seiner Zeit interessierten ihn: Rilke, Werfel, Thomas Mann und Schnitzler. Heute noch ruft der Gedanke an die Bücher seines Vaters Begeisterung bei dem Sohn hervor und lässt es in seinen Augen aufblitzen. Die gesamte Bibliothek ist mit nach Haifa ausgewandert. Benyamin erinnert sich, wie er als kleiner Junge auf den Knien seines Vaters zuhörte, wie dieser gestenreich Kleist oder Schiller deklamierte, und er, der ein richtiger Israeli sein wollte, sich wegen dieser deutschen Klassik etwas schämte, aber gleichzeitig die Sprache und den Vater bewunderte. Zu Hause herrschte die deutsche Klassik und draußen die israelische bzw. damals die palästinensische Wirklichkeit. Heute stehen längst nicht mehr alle, aber immer noch eine stattliche Zahl dieser Boten aus einer untergegangenen, zerstörten Kultur im Maoz-Haus in Even Yehuda. Etwas verwaist neben hebräischen und englischen Büchern weisen sie auf eine Zeit der großen Hoffnung hin, und warten auf Leser.

Hans Mosbacher um 1896

Wie stand es um seine religiöse Bildung? Nahm er am Religionsunterricht der jüdischen Gemeinde teil? Jedenfalls feierte er, nicht auf eigenen Wunsch, sondern weil der Vater es so wollte, mit 13 Jahren seine Bar Mitzwah.[21] Zur

Vorbereitung auf die Bar Mitzwah wurde ein Religionslehrer engagiert, der Hans die Grundlagen des Hebräischen und die wichtigsten Gebete beibringen sollte, was aber nicht dazu führte, dass er die Gebete verstand. Benyamin erzählt, dass sein Vater Zeit seines Lebens dem Gottesdienst nicht folgen konnte und den Ablauf stets langweilig fand. Humorvoll wie immer überstand er die Zeit in der Synagoge mit seinem Sprachwitz. Das Kaddisch[22] erkannte er an seinem Klang und an der Melodie und bemerkte: *„Hör, jetzt kommt das Pausenzeichen."* Bemerkungen wie diese haben etwas respektloses, indem sie einen religiösen Raum verlassen und in einen völlig säkularen eintreten.

Akkulturierte Juden des späten 19. und frühen 20. Jahrhunderts betrachteten die Bar Mitzwah als eine Art jüdische Konfirmation und feierten das Fest auch immer mehr wie ihre protestantischen Nachbarn. Die Bar-Mitzwah-Jungen erhielten von Eltern und Verwandten kostbare Geschenke, meistens den Grundstock für eine Bibliothek, d. h. die deutschen Klassiker. Benyamin erzählt, dass sein Vater in Haifa einmal von einem gleichaltrigen Herrn besucht wurde, und als dieser die Bibliothek des Vaters sah, meinte er: *„Ihre Bar Mitzwah Geschenke stehen ja hier, ich habe damals zu meiner Bar Mitzwah die gleichen Bücher bekommen, bloß meine sind dort geblieben. Wir sind wahrscheinlich auch gleich alt."*

Nach dem Abitur, das Hans Mosbacher 1900 erfolgreich bestand, wollte er studieren und zwar Journalistik, aber der Vater hatte andere Pläne für den ältesten Sohn. Er sollte das Geschäft übernehmen, während der zweite Sohn, Fritz, studieren sollte. Da dieser aber das Abitur nicht schaffte, musste er später zusammen mit dem Älteren die Wollwäscherei leiten.

Um Hans Mosbacher auf die Firmenleitung vorzubereiten, wurde er gleich nach dem Abitur zu befreundeten Firmen ins Ausland geschickt. Diese Aufgabe nahm er freudig an, gab es ihm doch endlich Gelegenheit, seine Sprachkenntnisse im Alltag zu erproben und zu vervollständigen. Er dachte weniger an die spätere Karriere als Firmenleiter, als daran, am Leben der Menschen in fremden Ländern teilzunehmen und das Leben zu genießen.

Seine Lehre begann in Frankreich, in Roubaix an der belgischen Grenze. Roubaix war ein großes Textilzentrum, vor allem für Wolle. Ein Jahr blieb er dort, bis er seine Lehre in Mazamet in der Nähe von Toulouse fortsetzte. Bernhard Mosbacher hatte für seinen Sohn ausgezeichnete Orte und unter seinen Geschäftspartnern gute Lehrmeister gefunden. Noch heute ist

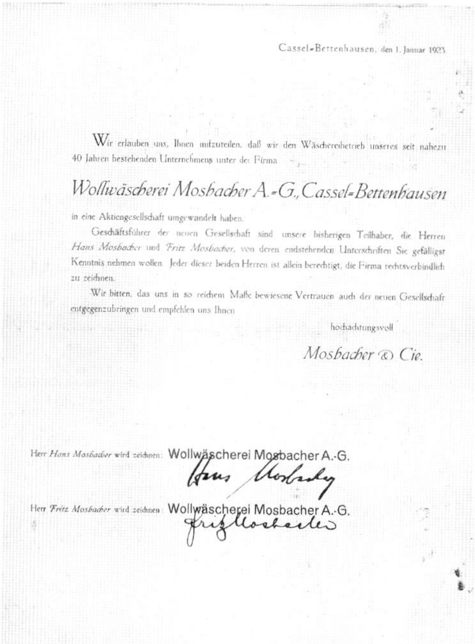

Cassel-Bettenhausen, den 1. Januar 1923

Wir erlauben uns, Ihnen mitzuteilen, daß wir den Wäschereibetrieb unseres seit nahezu 40 Jahren bestehenden Unternehmens unter der Firma

Wollwäscherei Mosbacher A.-G., Cassel-Bettenhausen

in eine Aktiengesellschaft umgewandelt haben.

Geschäftsführer der neuen Gesellschaft sind unsere bisherigen Teilhaber, die Herren *Hans Mosbacher* und *Fritz Mosbacher*, von deren endstehenden Unterschriften Sie gefälligst Kenntnis nehmen wollen. Jeder dieser beiden Herren ist allein berechtigt, die Firma rechtsverbindlich zu zeichnen.

Wir bitten, das uns in so reichem Maße bewiesene Vertrauen auch der neuen Gesellschaft entgegenzubringen und empfehlen uns Ihnen

hochachtungsvoll

Mosbacher & Cie.

Herr *Hans Mosbacher* wird zeichnen: Wollwäscherei Mosbacher A.-G.

Herr *Fritz Mosbacher* wird zeichnen: Wollwäscherei Mosbacher A.-G.

Hans und Fritz Mosbacher werden am 1. Januar 1923 Geschäftsführer der Wollwäscherei Mosbacher AG, Cassel-Bettenhausen

Roubaix ein großes Exportzentrum für Wolle, und Mazamet eine der weltweit führenden Städte für „délainage", die Trennung von Wolle und Fell. Somit war eine gute Wahl getroffen worden für die Lehrjahre. In dieser Zeit hat der junge Mann nicht nur das Wollhandwerk gelernt, sondern wird auch die Freiheit, weit weg von der elterlichen Kontrolle, genossen haben. Hierzu die Erinnerung des Sohnes:

> *Hans Mosbacher war ein gut aussehender, kleiner, dünner Junge. Er war gesellschaftlich offen und hatte gute Freunde. Er hat sich scheinbar im fremden Lande, weit weg von zu Hause, als junger Mann, in einer fremden Sprache, gut zurecht gefunden. In Frankreich lernte er das Wollfach und auch das Leben kennen, ja die Damen usw.*

Was steckt nicht alles in dieser knappen überraschend distanzierten Aussage des Sohnes? Wie die Sprache der Bibel hat sie Lücken, Räume des Interpretierens. Die Sprache der Bibel erlaubt den Midrasch,[23] hier aber verbietet sich der Midrasch, so dass die Lücken bleiben; wir müssen die Lücken, die der Sohn in seiner Erzählung lässt, respektieren. Jeder Leser, jede Leserin kann sich aber vorstellen, wie ein junger Mann, zum ersten Mal fort von zu Hause und das auch noch in Frankreich, seine freien Stunden verbrachte. Später sagte er seinen Freunden: *„In Frankreich habe ich nicht nur die Woll-Lust, sondern auch die Wollust kennen gelernt."*

Nach Frankreich zog es ihn immer wieder. Das „blaue Archiv" enthält einen Brief, datiert vom 27. Februar 1913, als Hans Mosbacher schon längst wieder in Kassel war, in dem der Redakteur Gerant in Tourcoing dem französischen Konsul in Frankfurt Herrn Hans Mosbacher als „Agent Consulaire de France" wärmstens empfiehlt.

Nous connaissons M. Hans Mausbacher (sic) depuis plusieurs années et nous n'avons eu qu'à nous louer de la collaboration qu'il apporte régulièrement à nos publications textiles. Notre correspondent joint à une intelligence très pratique des affaires un grand souci d'exactitude et une sympathie très marquée pour la France où il a fait son éducation commerciale.
Nous sommes persuadés qu'il est mieux qualifié que quiconque pour remplir, sous votre contrôle et votre direction, les délicates fonctions d'Agent Consulaire qu'il ambitionne.

Wir kennen Hans Mausbacher (sic) seit einigen Jahren und wir können die Zusammenarbeit mit ihm nur loben. Zuverlässig und regelmäßig liefert er uns seine Beiträge für unsere Textilzeitschrift. Unser Korrespondent besitzt einen pragmatisch scharfen Verstand, der ihn die Welt des Kommerz gut verstehen lässt. Zu Frankreich, wo er seine Lehre absolvierte, verbindet ihn eine große Liebe. Wir sind überzeugt, dass er besser als jeder Andere geeignet ist, unter Ihrer Aufsicht und mit Ihrer Hilfe die delikate Aufgabe eines „Agent Consulaire", die er anstrebt, auszuüben.

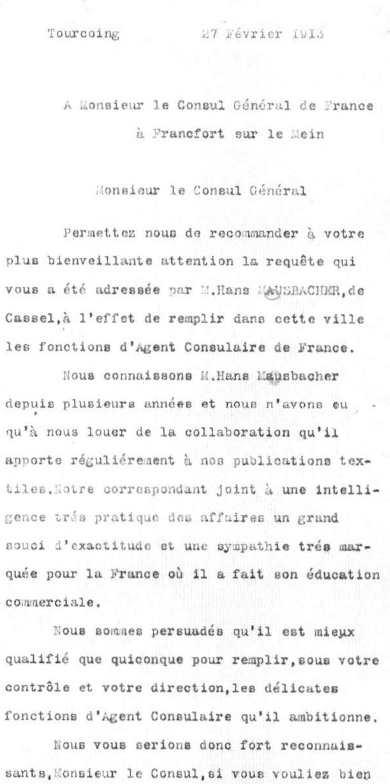

Tourcoing 27 Février 1913

A Monsieur le Consul Général de France
à Francfort sur le Mein

Monsieur le Consul Général

Permettez nous de recommander à votre plus bienveillante attention la requête qui vous a été adressée par M.Hans MAUSBACHER,de Cassel,à l'effet de remplir dans cette ville les fonctions d'Agent Consulaire de France.

Nous connaissons M.Hans Mausbacher depuis plusieurs années et nous n'avons eu qu'à nous louer de la collaboration qu'il apporte réguliérement à nos publications textiles.Notre correspondant joint à une intelligence trés pratique des affaires un grand souci d'exactitude et une sympathie trés marquée pour la France où il a fait son éducation commerciale.

Nous sommes persuadés qu'il est mieux qualifié que quiconque pour remplir,sous votre contrôle et votre direction,les délicates fonctions d'Agent Consulaire qu'il ambitionne.

Nous vous serions donc fort reconnaissants,Monsieur le Consul,si vous vouliez bien

Das Empfehlungsschreiben des Redakteurs Gerant für den französischen Konsul in Frankfurt von 1913

Um nach seiner Rückkehr nach Kassel das Französisch weiter zu pflegen, bot sich Hans Mosbacher als offizieller Korrespondent für französische Zeitungen an. Er wollte Berichte über die Wollindustrie in Deutschland schreiben. Überhaupt verstand er es, seinen erstrebten aber nicht erlernten Beruf eines Journalisten neben seiner geschäftlichen Tätigkeit auszuüben. Er schrieb für diverse kleinere Zeitungen, unter anderem auch für Onkel Richards „Casseler Tageblatt", für das er so etwas wie ein Kulturredakteur war. Seine Kritiken über Ausstellungen, Konzerte, Theateraufführungen oder Vorträge erschienen regelmäßig. Das Stadtverkehrsamt der Residenz Cassel bestätigt am 8. August 1913 den Eingang eines Artikels im „Journal de Roubaix" über „Die Kunstausstellung". Der Verkehrsinspektor bedankt sich „für die wertvolle Unterstützung unserer Bestrebungen". Wahrscheinlich handelt es sich um eine Baufachausstellung in Leipzig im August 1913. Ein Brief mit dem Briefkopf „Internationale Baufach Ausstellung mit Sonderausstellungen Leipzig 1913 e.V. Literarisches Büro" vom 25. August 1913 bestätigt den Eingang von Belegexemplaren und bittet um „weitere Sachen". In einem zusätzlichen Brief bedankt sich Prof. Detmar aus Jena bei „H. M., Mitarbeiter im Casseler Tageblatt" für die freundliche Besprechung seines Vortrags.

Ebenfalls berichtete er für das „Casseler Tageblatt" und andere kleinere deutsche Zeitungen über Ereignisse in Frankreich und England. Ein Auszahlungsbeleg der „Leipziger Neuesten Nachrichten" vom 13. Dezember 1917 bestätigt die Zahlung eines Honorars von drei Mark für den Artikel „Wilsonisme". Seine Kontakte zu der Zeitschrift „Prometheus – Illustrierte Wochenschrift über die Fortschritte im Gewerbe, Industrie und Wissenschaft" gehen zurück auf die Zeit seines Aufenthaltes in England, der im Anschluss an seine Zeit in Frankreich folgte. So kündigt ein vorgedrucktes Schreiben derselben Zeitschrift am 1. September 1904 dem in Bradford lebenden Hans Mosbacher den Abdruck seines Manuskriptes „Das Auffinden v. Erzgängen mittels Electrizität" an und honoriert die Veröffentlichung mit acht Pfennig pro Zeile, was bei 112 Druckzeilen einen Betrag von neun Mark ausmachte. 1919 dagegen erhielt Mosbacher schon 170 Mark für den Artikel „Ein neues Erzsuchverfahren". Es war ein lebenslanger Wunsch Hans Mosbachers, ein klein wenig zur Völkerverständigung beizutragen. Durch seine Artikel über Deutschland, die er in England publizierte, und seine Essays über England, die in Deutschland gedruckt wurden, meinte er, einen kleinen Beitrag zu dieser Verständigung zu leisten.

Nach dem Lehrjahr in Frankreich ging Hans Mosbacher – wie bereits erwähnt – nach England. In Frankreich lernte er das Leben und die Liebe kennen, in England das Handwerk des Journalisten. Wieder war es eine weltbekannte Stadt der Wollmanufaktur: Bradford, in der Nähe von Manchester, wo ihm sein Vater bei Geschäftsfreunden eine Lehrstelle besorgte. Seit dem 14. Jahrhundert ist Bradford als Zentrum der Wollmanufaktur bekannt und war vor allem ein idealer Ort für die Wollwäscherei. Das Wasser fließt dort über reichen Torfboden, wird dadurch sehr weich und ist deshalb besonders zur Wollwäscherei geeignet. Die meisten Gebäude Bradfords sind aus Sandstein, und waren mit den Jahren, unter dem Einfluss industrieller Luftverschmutzung, schwarz geworden, so dass die Stadt einen eher dunklen, tristen Eindruck auf Hans Mosbacher machte, ein starker Kontrast zum hellen, sonnendurchfluteten Süden Frankreichs. In dieser anderen Umgebung machte er dann auch andere Erfahrungen:

> *Hier wurde er auch tätig auf dem Gebiet der Journalistik und versuchte, seine Artikel und Berichte zu veröffentlichen ...*

Der junge Mann, der nicht Journalist werden durfte, verband also in England seine Liebe zum Schreiben mit dem notwendigen Erlernen eines Berufes. Was mag er geschrieben haben? In meiner Wunderkiste sind außer dem erwähnten Nachweis keine seiner Artikel aus dieser Zeit. An welche Zeitungen mag er seine Berichte geschickt haben? Waren sie auf Englisch? Benyamin vermutet dies, weil Hans später aus Deutschland auch immer wieder Berichte über Ereignisse in Kassel sowie Leserbriefe an englische Zeitungen schickte. Wenn wir an Bradford mit seinen Moorlandschaften, dunklen Steinen und den vielen Manufakturen denken, stellen wir uns den jungen deutschen Lehrling mit guten Sprachkenntnissen als einen ganz in der Arbeit und im journalistischen Ehrgeiz absorbierten jungen Mann vor. Aber so war es nicht.

> *In England lernte er seine erste Frau kennen, eine jüdische, sehr assimilierte Klavierlehrerin namens Dorothy Hirsch. Sie war Engländerin und einige Jahre jünger als er. Ihre Muttersprache war Englisch, aber sie ist mit ihm später nach Deutschland (Kassel) gegangen und hat dann sehr gut Deutsch gesprochen.*

Wie hat er sie kennen gelernt, diese Dorothy Hirsch? Was bedeutet „sehr assimilierte jüdische Klavierlehrerin"? War Dorothy getauft? Eine heikle Frage in der Post-Shoah-Zeit. Im Stadtarchiv Kassel, wo das Familienregister einzusehen ist, wird die Ehe von Hans und Dorothy Mosbacher als „Mischehe" aufgeführt. Bei einem späteren Besuch Benyamins in Kassel bestätigte er dies, seine Antwort war schlicht und einfach: *„Ja, Dorothy war getauft."* Dennoch blieb diese Taufe ohne Konsequenzen im täglichen Leben. Am 17. Mai 1920 schreibt Franz Rosenzweig z. Bsp. an Margrit Rosenstock:

> *Das Hebräische gelang weniger. Aber denk: Trudchen hat Edith gebeten, ihre Kinder zu unterrichten. Es wird vielleicht noch der kleine Baumann und zwei kleine Mosbachers dazukommen. Wir werden also eine ganz hebräisierte „Mischpoche" hier zurücklassen.*[24]

Bei den kleinen Mosbachers kann es sich wohl nur um Ernst Mosbacher, der 1920 gerade Mal 11 Jahre alt war, und seinen Cousin Franz (geb. 1911), einen Sohn Fritz Mosbachers, handeln. Dorothy und Hans Mosbacher waren, wohl über Onkel Louis, ebenfalls mit Franz Rosenzweig bekannt. Dieser berichtet Gritli am 30. Dezember 1919 von einem *„schönen Brief von Hans und Dorothea Mosbacher zusammen, und das Zusammen macht mir grade Spass"*.[25] Dorothys Kinder erhielten also ganz selbstverständlich eine jüdische Erziehung. Benyamin vermutet sogar, Dorothy habe diesem rein formalen Akt, dazu noch in einem anderen Land, in England, keine Bedeutung beigemessen, es vielleicht sogar vergessen, in Kassel jedenfalls lebte sie ein ganz normales jüdisches Leben. Auch gab es bei den beiden Kindern aus dieser Ehe, Ernst, geb. 1909 und zum Rabbiner ausgebildet, und Martha, geb. 1918, nie Zweifel darüber, dass sie Juden seien, beide sind als Jugendliche nach Palästina gegangen. Nach dem Krieg ist Dorothy unter dem Rückkehrgesetz nach Israel eingewandert und im Kibbutz Hazorea begraben. Diese kleine, etwas unklare Geschichte einer „assimilierten Jüdin" zeigt, wie zu Beginn des 20. Jahrhunderts eine Taufe ohne jegliche Konsequenz für die persönliche Identität oder Lebensführung bleiben konnte, selbst jüdische Behörden haben diesen wohl rein administrativen Schritt ignoriert.

Rückkehr nach Kassel 1907–1918

Ausgerüstet mit einem soliden Wissen seines Handwerks, der Fähigkeit, sich mühelos in Englisch und Französisch verständigen zu können, und vor allem begleitet von einer Ehefrau kehrte Hans Mosbacher im März 1907 nach Kassel zur Wollwäscherei in Bettenhausen zurück. Die Jahre in England hatten ihn nachhaltig geprägt, so dass er vieles an England sein Leben lang schätzte. So versuchte er, etwas von der englischen Mentalität in sein deutsches Leben mitzunehmen, etwa den Humor, den nüchternen Realismus oder die Höflichkeit. Auch das politische System, die Demokratie Englands, schätzte er als die ideale und für Deutschland erstrebenswerte Regierungsform. England blieb ihm ein geliebtes Land, sozusagen ein Vorbild, auch später in Palästina unter britischem Mandat. Aber er wäre nicht Hans Mosbacher gewesen, wenn er nicht seine große Liebe zu England auch auf humoristische Weise ironisiert hätte. Ein kleiner, handgeschriebener, undatierter Zettel in meinem „blauen Archiv“ kleidet die Verehrung Englands, die zuweilen bis hin zur Verneinung der eigenen Herkunft geht, in leichte Verse:

England, England
War Annies Ideal
England, England
So was gibt's nur einmal.
Da wird so leicht man
Britisch & zeigt nicht
Dass man Jiddisch
Spricht Englisch perfekt
Mit Kassler Dialekt
& schwärmt für das Land
Seiner Wahl

Darunter steht in Klammern (Melodie: „Daisy – Daisy“). Benyamin erinnert sich, dass Hans Mosbacher diese Verse 1943 in Haifa für Anni Wertheim, geborene Diespecker[26] geschrieben hat. Schwingt hier nicht auch ein wenig Selbstironie mit?

Hans und Dorothy Mosbacher haben 1908 geheiratet. Benyamins Schwester Miriam/Martha glaubt, dass sie in Düsseldorf geheiratet haben. Warum in Düsseldorf, weiß sie nicht. Eine Urkunde oder Ketuba[27] ist nicht auffindbar. Aber Miriam weiß, dass es eine richtige jüdische Hochzeit gab mit einer

Chupah,[28] und meint sogar, dass Leo Baeck die beiden getraut habe. Ob es stimmt? Diese Frage ist eher zweitrangig. Denkt sie an Leo Baeck, den großen deutschen Rabbiner der Moderne, zu Ehren ihrer Eltern? Oder ist der Name Baecks der einzige, der ihr vom deutschen Rabbinertum einfällt? Die Erinnerung der 87-Jährigen, die im Elternheim auf dem Carmel in Haifa lebt und ihre Eltern so erinnert haben möchte, das ist doch das, was letzten Endes zählt. Fakten verstellen (eben) oft die Wahrheit.[29]

Hans und Dorothy wohnten in der Kölnischen Straße 92. 1909 wurde der erste Sohn, Ernst, geboren und neun Jahre später, 1918, Martha. Benyamin kam erst 1929 zur Welt. Er ist der Sohn einer zweiten Ehe. Dorothy gab Klavierunterricht, Hans kümmerte sich um die Wollwäscherei. Trotz seiner glücklichen Lehrjahre in Frankreich und England war ihm die Arbeit in der Wollwäscherei eher ein notwendiges Übel, um den Lebensunterhalt zu verdienen. Auf keinen Fall verband ihn irgendeine Leidenschaft damit. Zu Hause erzählte er selten etwas von seinem Leben im Geschäft, so dass Geschichten aus dem Berufsleben Hans Mosbachers nicht tradiert wurden. Die Geschäfte gingen gut, trotz seines anscheinend geringen Einsatzes. So hatte die Familie keine materiellen Sorgen.

Gertrud Wallach, Lotte Breiding, Fanny Gotthelft und Clara Mosbacher, um 1911

Hans Mosbacher widmete seine ganze Leidenschaft dem gesellschaftlichen und kulturellen Leben. Man ging in Konzerte, in die Oper, ins Theater und veranstaltete Feste. Hans Mosbacher besaß eine umfangreiche, vorbildlich geordnete Bibliothek. Die vorbildliche Ordnung scheint Benyamin besonders erwähnenswert: Deutsche Autoren chronologisch geordnet, daneben englische Autoren: unter anderem Shakespeare, Wordsworth, Dickens und Thackeray. Es gab eine französische Abteilung mit Corneille, Racine, Molière, Stendhal, Flaubert und Gide. Auch jüdische Werke gab es in der Bibliothek von Hans Mosbacher, die Gebetbücher und Machsorim (Gebetbücher für die Feste), natürlich die Bibel in verschiedenen Übersetzungen, von Zuns, Buber und Rosenzweig, Luther und anderen; Philosophen wie Maimonides und Hermann Cohen, Buber und Rosenzweig sowie die Schriften von Leo Baeck. Es gab Bücher zum Zionismus und über Palästina. Den Talmud[30] gab es nicht in seiner eigenen Bibliothek, den hatte er nur für seinen Sohn Ernst gekauft, als dieser sich auf das Amt des Rabbiners vorbereitete. Es gab ein thematisch geordnetes Verzeichnis der Bücher, das jedoch verloren gegangen ist, so dass nur ein Bruchteil der großen Sammlung in der Erinnerung bewahrt blieb.

Hans Mosbacher hielt Vorträge zu literarischen, historisch-archäologischen und politisch-soziologischen Themen, die ihn weit mehr als die Bilanzen der Wollwäscherei beschäftigten. Nach einem Vortrag über den „Gilden Sozialismus“[31] wurde er zum Handelsrichter in Kassel ernannt. Benyamin nimmt an, dass sein Vater diese Vorträge in den verschiedenen Vereinen, in denen er Mitglied war, hielt. Eine Einladung des „Vereins für naturwissenschaftliche Unterhaltung“ vom 29. April 1909 scheint dies zu bestätigen. Hierin wird in den Wittelsbacher Hof zu einem Vortrag „Ueber neuere Rohstoffe der Wollindustrie“ eingeladen, zu einem Vortrag, gehalten von Hans Mosbacher.

Neben den öffentlichen Vereinen und Gilden gab es im Leben des Hans Mosbacher noch den halb-öffentlichen/halb-privaten Raum der Leseabende, ein Salon, in dem Freunde sich regelmäßig trafen und über literarische, philosophische oder politische Themen sprachen. Sie pflegten die Konversation als eine erlesene Kunst der Geselligkeit. Teilnehmen konnte nur, wer auch eingeladen war. Benyamin erinnert sich lebhaft daran:

> *Hans Mosbacher war viele Jahre lang ein treues Mitglied des so genannten „Leseabends“. Dieses war ein regelmäßiges Treffen guter Freunde, darunter*

Ein „Leseabend" der Familie Mosbacher. Hans Mosbacher (2. Reihe rechts) mit seiner ersten Frau Dorothy (Bildmitte). Hinten rechts steht Paul Ehrenberg. Vorne rechts wahrscheinlich Rudolf Hallo.

auch Nichtjuden, die zusammen „schwere Literatur" und Philosophie gelesen und darüber diskutiert und gestritten haben.

Eingeladen waren die Rubensohns – Emil Rubensohn war der Vorsitzende der Kant-Gesellschaft –, die Oppenheimers – vor allem Trudchen Oppenheimer, ihr Name fällt immer wieder –, die Hallos – Rudolph Hallo, der Kunsthistoriker und seine Frau Gertrud –, Helene Müller[32] mit den „sozial schwierigen Kindern", Karl Herrmann und Frieda Sichel („*Wenn die Frieda Sichel einen Vortrag hält, dann redet der Mund weiter, bis sie einen neuen Gedanken hat.*"). Welche waren die Nichtjuden, die dazu kamen? Hierzu gehörten das Ehepaar Rudell und die Ferchaus, die regelmäßige Gäste bei den Leseabenden waren. Gemeinsam lasen die Freunde die Klassiker, aber vor allem Goethes „Faust", Dante, Kant und Nietzsche, erinnert sich Benyamin. Keiner, der an diesen Leseabenden teilgenommen hat, lebt heute noch. Was mag sie gefesselt haben an Faust, dieser deutschesten aller deutschen Figuren?

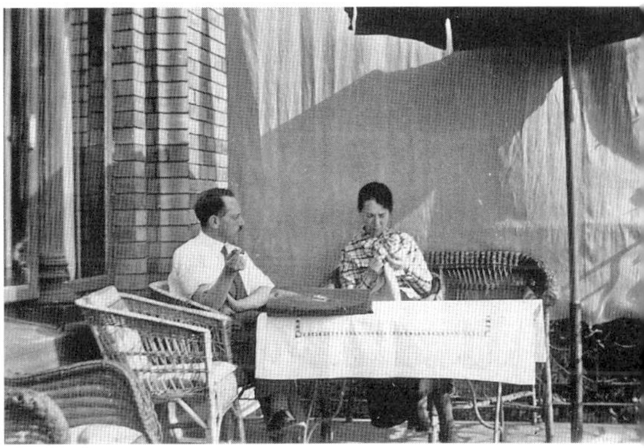

Hans Mosbacher und Helene Müller in der Sophienstraße

Hans Mosbachers Leidenschaften waren zweifellos das Lesen und Schreiben. Er blieb noch jahrelang freier Journalist des „Journal de Roubaix“ und der „Yorkshire Post“. Seine journalistischen Beiträge behandelten das Wollgeschäft, technische Erneuerungen, neue Produktionsverfahren, aber auch das gesellschaftlich-kulturelle Leben in Kassel. Als Korrespondent für ausländische Zeitungen, freier Mitarbeiter der „Casseler Nachrichten“ und Verfasser deutscher Gebrauchstexte hatte er in diesen Jahren ausreichend Gelegenheit, seiner Lust, dem Schreiben, nachzugehen. Hans Mosbacher schrieb leicht und in vielen Gattungen.

Mein „blaues Archiv“ enthält viele Gelegenheitsgedichte, einige kleine Theaterstücke, die Hans zu Geburtstagen und anderen Anlässen schrieb und dann unter großem Beifall vortrug, sowie einige Essays. Hans Mosbacher war ein sparsamer Mensch und schrieb seine Texte mit der Schreibmaschine auf hauchdünnem Durchschlagpapier aus der Firma Mosbacher. Das Papier ist inzwischen vergilbt, so dass die Schriftstücke nur schwer lesbar sind. Sie drohen in den Händen zu zerkrümeln. Die Emigration und die vielen Umzüge haben sie aber überstanden. Warum hat der Sohn sie bei allen seinen Umzügen immer wieder, verschlossen in den verschiedenen Kartons, mitgeschleppt? Wer außer mir hat sie je wieder gelesen? Diese Texte reisten mit dem „Lift“[33] von Kassel nach Haifa und schließlich kamen sie, über viele Umwege, wieder zurück nach Kassel. Das hätte Hans Mosbacher gefallen. Er hatte Sinn für das Skurrile, Überraschende und nicht immer Logische.

Die wenigsten Texte im „blauen Archiv“ sind datiert. Sie können in zwei Hauptkategorien eingeteilt werden: A) Texte, die vor der Flucht aus Kassel entstanden sind, und B) Texte, die danach in Haifa geschrieben wurden. Was die unterschiedlichen Gattungen betrifft, so sind es:

1) Gelegenheitsgedichte zu den unterschiedlichsten Anlässen, 2) Theaterstücke, 3) journalistische Texte und 4) Vorträge.

Auf diese Texte werde ich im nächsten Kapitel näher eingehen. An dieser Stelle soll Hans Mosbacher, der Soldat im Ersten Weltkrieg, im Blickfeld stehen.

In den Kartons in Even Yehuda fand sich ein „Berechtigungsschein zum einjährig-freiwilligen Dienst“, mit dem Datum vom 3. April 1901.

> *Der Hans Julius Mosbacher, geboren am 25. April 1882 zu Cassel, Regierungsbezirk Cassel, erhält nach Prüfung seiner persönlichen Verhältnisse und seiner wissenschaftlichen Befähigung hiermit die Berechtigung, als Einjährig = Freiwilliger zu dienen. ... Inhaber ist bis zum 1. Oktober 1905 von der Aushebung zurückgestellt. Beim Eintritt einer Mobilmachung hat er sich sofort zur Stammrolle anzumelden.*

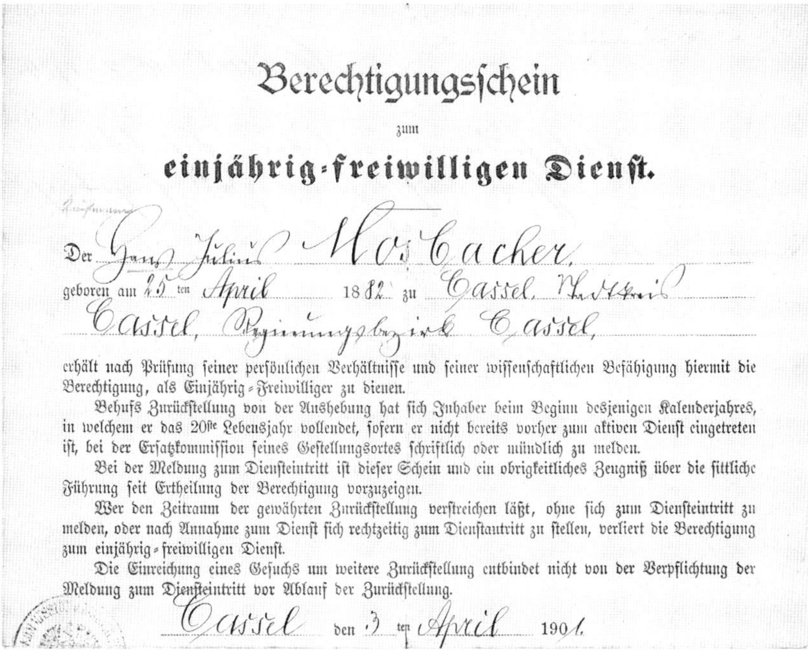

Berechtigungsschein

zum

einjährig-freiwilligen Dienst.

Der Hans Julius Mosbacher

geboren am 25ten April 1882 zu Cassel, [illegible]

Cassel, Regierungsbezirk Cassel

erhält nach Prüfung seiner persönlichen Verhältnisse und seiner wissenschaftlichen Befähigung hiermit die Berechtigung, als Einjährig-Freiwilliger zu dienen.

Behufs Zurückstellung von der Aushebung hat sich Inhaber beim Beginn desjenigen Kalenderjahres, in welchem er das 20ste Lebensjahr vollendet, sofern er nicht bereits vorher zum aktiven Dienst eingetreten ist, bei der Ersatzkommission seines Gestellungsortes schriftlich oder mündlich zu melden.

Bei der Meldung zum Diensteintritt ist dieser Schein und ein obrigkeitliches Zeugniß über die sittliche Führung seit Ertheilung der Berechtigung vorzuzeigen.

Wer den Zeitraum der gewährten Zurückstellung verstreichen läßt, ohne sich zum Diensteintritt zu melden, oder nach Annahme zum Dienst sich rechtzeitig zum Dienstantritt zu stellen, verliert die Berechtigung zum einjährig-freiwilligen Dienst.

Die Einreichung eines Gesuchs um weitere Zurückstellung entbindet nicht von der Verpflichtung der Meldung zum Diensteintritt vor Ablauf der Zurückstellung.

Cassel den 3ten April 1901.

Berechtigungsschein für Hans Mosbacher zum einjährig-freiwilligen Dienst vom 3. April 1901

Während Hans Mosbacher in London war, ließ er dort von Dr. E. Michels eine Untersuchung durchführen, die seine weitere Entbindung vom Dienst rechtfertigte, so der Vermerk auf der Rückseite dieses Dokuments vom 10. Februar 1904. Die Mobilmachung kam erst 1914, und Hans Mosbacher wurde Soldat.

Wie erlebte er den Ersten Weltkrieg, in den so viele jüdische Soldaten mit großer Begeisterung zogen, und von denen viele gefallen sind?[34] Hans Mosbacher war zwar Soldat, aber er blieb den ganzen Krieg über in Kassel.

Im Ersten Weltkrieg war Hans Mosbacher ein Dolmetscher für Englisch und Französisch im Kriegsgefangenenlager in Niederzwehren (Kassel). Es war ein sehr „gemütlicher" Militärdienst, indem er zu Hause wohnte und eine privat angefertigte Uniform trug. Sein Kommandant war sein früherer Schuldirektor, mit dem er sich gut verstanden hat. Sie hatten immer genügend zu essen, auch in den nachfolgenden Inflationsjahren ging es ihnen gut.

Hans Mosbacher (links mit Pfeife) im Vernehmungsbüro des Lagers Niederzwehren, um 1917

„Ein gemütlicher Militärdienst": Der Vater scheint davon viel erzählt zu haben, denn Benyamin erinnert sich an viele Einzelheiten. Keine Schreckenszeit – eine gemütliche Zeit. Im Stadtarchiv Kassel befindet sich ein Bericht über die Erfahrungen Hans Mosbachers im Ersten Weltkrieg. Diesen Bericht verfasste er 1954 in Haifa, schickte ihn aber erst am 25. Februar 1968, fünf Jahre vor seinem Tod, an das Stadtarchiv der Stadt Kassel. Sein Brief an den Archivar ist nicht erhalten, dafür aber die Antwort des damaligen Archivars, Dr. Friderici, der dem „Herrn Direktor" in einem Schreiben vom 27. März 1968 den Eingang des Berichts bestätigte.

> *Ihre interessanten Erinnerungen aus dem Gefangenenlager des 1. Weltkrieges wurden dem Stadtarchiv zur Aufbewahrung zugeleitet. Für Ihr freundliches Interesse danke ich Ihnen verbindlichst. Sollten Sie etwa die Niederschrift Ihrer Erinnerungen bis in die Jahre 1933 und folgende fortsetzen, so wären wir Ihnen für die Überlassung eines Durchschlages Ihrer Niederschrift besonders dankbar. Für die Geschichte der jüdischen Gemeinde in Kassel und der bekannten Familien fehlt uns leider bisher noch zahlreiches Einzelmaterial.*

Benyamin vermutet, sein Vater habe seine Erinnerungen bis 1933 aufgeschrieben. Der ganze Text jedoch ist unauffindbar, weder in Even Yehuda noch in Kassel im Stadtarchiv haben wir ihn gefunden. Es existiert nur noch das Fragment über die Zeit im Kriegsgefangenenlager in Niederzwehren.

Es bleibt wohl das Geheimnis von Hans Mosbacher, warum er nach der Shoah, nach dem israelischen Unabhängigkeitskrieg, in Haifa lebend einen Bericht über den Ersten Weltkrieg schrieb und ihn dann erst 14 Jahre später nach Kassel schickte.

Der Bericht mit dem Titel „Gefangenenlager Niederzwehren 1914. Vor 40 Jahren" umfasst 3 ½ Seiten und ist eine detailgetreue Beschreibung seiner Arbeit im Kriegsgefangenenlager. Er lässt an ein ungebrochen positives Verhältnis zu Deutschland, trotz allem, was geschehen war, glauben. Darin heißt es u. a.:

> *Während der ersten zwei Kriegsjahre 1914/15 entstand in Niederzwehren ein großes Kriegsgefangenenlager mit einer Belegschaft von über 20.000 Menschen. Aber nur ein Teil war dort dauernd oder vorübergehend in langen Baracken, innen zweigeschossig, untergebracht. Die überwiegende Mehrzahl war auf Außenarbeit beschäftigt, in der Landwirtschaft, in Fabriken, Forstkommandos, in den Kalibergwerken an der Werra u. dergleichen. Es waren damals russische, französische, englische, und rumänische Mannschaften. Ein Offiziersgefangenenlager war in Hann. Münden. Die in den Dörfern unter Aufsicht weniger alter Landsturmmänner in der Landwirtschaft Tätigen hatten ein relativ gutes Dasein, örtlich unbegrenzte Bewegungsfreiheit, meist gute Ernährung – auch als es der deutschen Zivilbevölkerung in den Städten schon recht schlecht erging, dazu kam meist eine gute Behandlung, da man auf ihren Arbeitswillen mehr oder weniger in den von Männern entblößten (sic) Dörfern angewiesen war, – und nicht selten ersetzten sie die zum Dienst eingezogenen Bauern im Feld, im Stall und nicht zuletzt im Haus in jeder Beziehung.*

Es folgen Bemerkungen über die Organisation des Lagers. Hans Mosbacher war in der „Postprüfungsstelle" angestellt, in der Zensurstelle des Lagers. Hier wurde die eingehende und ausgehende Post kontrolliert. Die Gefangenen hatten die Erlaubnis, pro Monat einen Brief und zwei Postkarten zu schreiben. Mosbacher bemerkt, dass die Briefe und Karten der Gefangenen uninteressant waren, dagegen aber die Briefe von Freunden oder Bekannten der Gefangenen aus den jeweiligen Heimatländern oft interessante verschlüsselte Botschaften erhielten, die es dann zu entziffern und militärisch zu verwerten galt. Einige kniffelige Fälle werden in dem Bericht in großen Einzelheiten beschrieben. Geleitet wurde die „Postprüfungsstelle“ von Hauptmann, später Major, Dr. Quiehl, bekannt in Kassel als Direktor der Oberrealschule in der Kölnischen Straße. Wahrscheinlich ist das die heutige Albert-Schweitzer-Schule, und dies war die Schule, an der Hans Mosbacher sein Abitur gemacht hatte. So war man buchstäblich unter sich, d. h. unter Bekannten. Hans Mosbacher versah seinen Dienst vorbildlich und stets zu Ehren der deutschen Nation.

> *Jeder trug seine eigene Uniform, eine einheitliche Uniformierung gab es bei dieser allmählich entstandenen Einheit nicht und auch keinen Drill; die Dolmetscher waren alle kameradschaftlich, oft freundschaftlich verbunden, ... Dr. Quiehl erkannte rasch den Wert von Mitteilungen in der eingehenden Post und organisierte einen für andere Lager vorbildlichen Auswertungsdienst. Die betreffenden Briefstellen wurden abgeschrieben und sortiert in militärische, politische und wirtschaftliche Nachrichten. Dies war die Arbeit der bei der Zensur beschäftigten Dolmetscher. Dann wurden zur weiteren Aufklärung „Ermittlungsdolmetscher“ eingesetzt, die, unter dem Vorwand von Revisionen, die betreffenden Adressaten aufsuchten, um in persönlicher Unterhaltung Näheres zu erforschen. Zu Ermittlungsdolmetschern wurden einige wenige aus der Zensurabteilung gezogen, von denen man annahm, dass sie intelligent und gewandt genug waren, das Ausfragen unauffällig vorzunehmen, und die natürlich die Sprache der Gefangenen voll beherrschen mussten. Zu diesen Wenigen gehörte der Schreiber dieser Zeilen, der für französische und englische Gefangene eingesetzt wurde.*

Der Dolmetscher für die englische Sprache, Dr. Müller, mit einem französischen Gefangenen im Lager Niederzwehren

Hans Mosbachers Sprachkenntnisse, seine Kontaktfähigkeit und umgängliche Art bescherten ihm diesen „gemütlichen“ Kriegsdienst zur Entschlüsselung militärischer Nachrichten, die er dann nach Berlin meldete. Selbst 40 Jahre später schien ihm die Entschlüsselung der geheimen Nachrichten noch immer großes Vergnügen zu bereiten, so dass er sich sogar noch an alle Einzelheiten bis hin zum genauen Wortlaut einiger Unterhaltungen erinnert. So beschreibt er, wie eine Dolmetscherin der Zensurbehörde misstrauisch wurde, als sie die hohe Hausnummer „Rue de ... 501", in einem Brief an einen französischen Gefangenen las. Die *„intelligenteste Dolmetscherin"*, laut Mosbachers Bericht, schloss daraus, dass es sich nur um eine verschlüsselte Nachricht handeln konnte. Mosbachers Einwand, vielleicht seien die Häuser in dem Ort durchnumeriert, tat sie mit der Bemerkung ab: *„Dass man dann auch keine Straßennamen mehr brauche." „Logischer als ich"*, gibt er ohne Eitelkeit zu. Er ging zu dem Gefangenen und sagte ihm „auf den Kopf zu", dass er militärische Nachrichten erhalte. Der Gefangene wies das entschieden zurück, erklärte aber, dass der Schwager bei der leichten Artillerie war und jetzt beim 501. Regiment sei. Hans Mosbacher aber wusste, dass dies nicht stimmen konnte, da es in Frankreich nicht annähernd so viele Artillerieregimente gab. Ein erneuter Briefwechsel mit der Frau des Gefangenen ergab, dass der Schwager an den „neuen schweren Maschinen", d. h. an Panzern, arbeite. Dies war die erste Nachricht über ein französisches Panzerregiment, entschlüsselt vom „Dolmetscherdienst" in Niederzwehren.

Aus dem kurzen Bericht spricht noch immer die große patriotische Begeisterung Mosbachers für diese Arbeit zu Gunsten von Deutschland gegen Frankreich und England, die Länder, die er so liebte und bewunderte. Aber das scheint ihn nicht bedrückt zu haben. Hans Mosbacher hatte, so sein Sohn, durchaus die Fähigkeit, ihm unangenehme Tatsachen auszublenden und zu vergessen. Frankreich und England führten jetzt Krieg gegen Deutschland, und Hans Mosbacher zensierte die Briefe von Franzosen und Engländern im Dienste Deutschlands und des Kaisers. Für uns ein Widerspruch, für Hans Mosbacher jedoch nicht. Noch 40 Jahre danach, in diesem 1954 verfassten Bericht, stellte er keine Fragen und äußerte auch nicht die leiseste Kritik an der deutschen Expansions- und Eroberungspolitik.

Das Ende des Krieges erlebte Hans Mosbacher auf eine ebenso „gemütliche" Weise.

> *Das sich nähernde Ende des Krieges, des Zusammenbruchs der deutschen Widerstandskraft, hatte sich schon mehrfach angekündigt, es war zu Unruhen von Kriegsüberdrüssigen, verzweifelten Truppenteilen gekommen. (...) Im Niederzwehrener Lager hatten sich Wachmannschaften zusam-*

mengerottet, um irgendwelche Forderungen durchzusetzen. Ein neben mir stehender französischer Gefangener wies darauf hin: „C'est la fin!" Auf meine Erwiderung, dass Derartiges in Frankreich sogar an der Front vorgekommen sei, antwortete er: „Ja, das ist richtig, – aber wenn so etwas in Preußen geschieht, ist es das Ende ...".

Auch hier kein Unbehagen an derartigen Ereignissen. Es interessiert ihn gar nicht, welche Forderungen die Gefangenen stellten – *„irgendwelche Forderungen"*. Er, der sich an so viele Einzelheiten seines Nachrichtendienstes für das Deutsche Reich erinnern kann, verliert kein Wort über die Forderungen der Gefangenen. Auch die Formulierung „Zusammenbruch der deutschen Widerstandskraft" deutet auf ein immer noch loyales Verhalten dem Reich gegenüber hin.[35] Dieser loyale Patriotismus war für die assimilierten deutschen Juden, die sich in Deutschland zu Hause und akzeptiert fühlten, typisch.

Obwohl der Antisemitismus seit den 90er Jahren des 19. Jahrhunderts ein „kultureller Code" (Shulamit Volkov) war, konnten die selbstbewussten, erfolgreichen jüdischen Bürger ihn weitgehend ignorieren. Der deutsche Staat schien zum sicheren Ort für Juden geworden zu sein, ja zum aufgeschlossensten, liberalsten Staat in Europa, mit dem man sich fast bedingungslos identifizieren konnte. Sie waren deutsche Juden, deutsche Bürger jüdischen Glaubens, für die die Taufe, im Gegensatz zu den aufstrebenden Juden des 18. und frühen 19. Jahrhunderts, keine Bedingung für soziale Integration und beruflichen Erfolg mehr darstellte. Ein Funken dieses Patriotismus' spricht noch aus den späten Zeilen Hans Mosbachers.

1918, das Jahr der fehlgeschlagenen Revolution, wird in Mosbachers Bericht mit keinem Wort erwähnt. Er, das optimistische Glückskind, erlebte auch das Ende des Krieges und des Kaiserreiches wie ein moderner „Hans-im-Glück".

Für mich kam das Ende, als ich von einer Ermittlungsreise zurückkehrte und den Brief eines im Lager tätigen Dolmetschers vorfand: „Lieber Bürger Mosbacher, alles ist zu ende, Revolte auch im Lager, Quiehl und die anderen Offiziere der Kommandantur verjagt. Sie können die Uniform ausziehen." Ich tat das nicht, sondern sah mir die Sache in Niederzwehren doch mal an. Da gab es einen „Arbeiter- und Soldatenrat", der mir den Auftrag gab, mit einer Armbinde herumzulaufen, auf der nicht mehr, wie früher ein D (Dolmetscher) stand, sondern die Bezeichnung „Arbeiter und

Soldatenrat Kr. Gef. Lager Niederzwehren". Ich sollte zu den Gefangenen in die Dörfer fahren und sie ersuchen, nicht alle auf einmal zum Lager zurückzuströmen, damit man den Rücktransport regeln könne. Das war meine letzte militärische Handlung, – die Dorfbewohner sahen mich mit der „Revolutionsarmbinde" etwas argwöhnisch an und stellten mir Fragen, was nun geschehen würde, – Fragen, die ich nicht beantworten konnte, die niemand beantworten konnte. Als ich in das Lager zurückkehrte, lag die Postprüfungsstelle öde und leer da, noch lagen einige Säcke voll Briefen umher, niemand dachte daran, zu zensieren oder nachzuforschen. Auch die Gefangenen fragten nicht nach Briefen, die vielleicht für sie angekommen waren, aber aus einer Epoche stammten, die zu ende war. Sie, die Franzosen, Engländer, Belgier, sahen ihrer Rückkehr in die Heimat entgegen, einer frohen Zukunft, – die Russen kehrten in das ihnen unbekannte bolschewistische Russland zurück; – wir, jetzt die Besiegten, in einer ungewissen Gegenwart, sahen voll Sorge in die Zukunft.

Den Brief des Dolmetschers kann Hans Mosbacher noch wörtlich zitieren. Wie ist das wohl möglich? Hat er diesen Brief mit in die Emigration genommen? Hat er den Wortlaut 40 Jahre lang im Kopf behalten, um ihn nach so langer Zeit noch wörtlich zu zitieren? Ein weiteres Geheimnis, des „glücklichen Juden". Aber gleichgültig ob wörtliches oder erfundenes Zitat, es zeugt von einer ungebrochenen Identifizierung mit der Aufgabe, die Deutschland, das Vaterland, ihm gestellt hatte. Er zieht die Uniform nicht sofort aus, sondern sieht sich im Lager erst mal um, noch immer als Vertreter des Deutschen Reiches in seiner „privaten" Uniform. Dann geschieht etwas für Hans Mosbacher Typisches: Er wird weder von den einfachen Soldaten noch von den ehemaligen Gefangenen als „Feind" betrachtet, sondern als Verbündeter, bekommt eine Armbinde des „Arbeiter- und Soldatenrates" und handelt nun in dessen Auftrag, während alle Offiziere vertrieben wurden. Anscheinend stimmt das, was er anfangs in seinem Bericht erwähnt, nämlich, dass in diesem Lager eine freundschaftliche Atmosphäre herrschte. Warum aber wurden die anderen verjagt, wie es ja im Brief des geflüchteten oder verjagten Dolmetscherkollegen heißt? Vielleicht bezogen sich die „freundschaftlichen Beziehungen" nur auf Mosbacher selbst, und er hat von sich auf andere geschlossen. Sein Humor, seine angenehme Persönlichkeit mit englischen Manieren, wie er sich gerne beschrieb, kamen ihm jedenfalls auch hier wieder zugute, und er zog als Beauftragter des Rates in die Dörfer. Er selbst jedoch scheint sich mit den Aufständischen nicht voll zu identifizieren, denn er ist nicht stolz auf die Armbinde, sondern nennt sie eine „Revolutionsbinde", ohne jedoch die Revolution und ihre Ziele mit nur einem einzigen Wort zu erwähnen. Revolution war in Deutschland schon immer etwas Suspektes. Wie sollte sich Hans Mosbacher da mit ihren Zielen einverstanden erklären.[36]

Voll Sorge blickte das deutsche Volk in die Zukunft. Heute wissen wir, was Mosbacher 1918 nur ahnen konnte, aber 1954 hätte wissen müssen: dass die Sorge der jüdischen und nichtjüdischen Deutschen gespalten war. Kein Wort darüber in seinem Bericht. Der Antisemitismus der Weimarer Republik war ein anderer als der des Kaiserreiches. Der aufkommende Nationalsozialismus und sein virulenter Antisemitismus gaben den Juden in Deutschland durchaus Grund zur Sorge um ihre Zukunft in dem Land, in dem sie sich so erfolgreich integriert hatten, während die Sorge der nichtjüdischen Deutschen eher von ökonomischen Fragen und politischen Entscheidungen geprägt war. Diese Spaltung nahm Hans Mosbacher nicht wahr. Der Bericht, über 40 Jahre danach geschrieben, schweigt über das, was inzwischen über das Ausmaß der Vernichtung der europäischen Juden bekannt geworden war und worüber auch Hans Mosbacher informiert war. Er ist ausschließlich aus der Perspektive eines Dolmetschers des Kaiserreiches verfasst. Und der war ein treuer Deutscher und schloss sich folglich mit ein in das „wir" der Deutschen. Seine Sorgen waren die Sorgen der Deutschen, und nicht getrennte jüdische Sorgen. Für ihn gab es diese Trennung in jüdische und nichtjüdische Deutsche einfach nicht. Hans Mosbacher war ein selbstbewusster deutscher Bürger.

Jüdisches Leben 1918–1937

Nachdem das Gefangenenlager in Niederzwehren aufgelöst wurde, wahrscheinlich im Herbst 1918, kehrte Hans Mosbacher ins Privatleben zurück. Das gesellschaftliche und berufliche Leben ging wieder seinen gewohnten, angenehmen Gang. Man feierte Familienfeste, schrieb Gedichte und Theaterstücke, lud Freunde ein. In Benyamins Erzählungen gibt es keine genauen Daten, damit nimmt er es nicht so genau, ihm ist es völlig egal, ob etwas 1921, 1922 oder 1924 geschah, in den 20er Jahren, das reicht ihm. Ihm sind die einzelnen Menschen in den Geschichten und die bonmots seines Vaters viel wichtiger.

Die „Villa" der Familie Gotthelft in der Kölnischen Str. 42, Wohnsitz der Großeltern Gotthelft

Hans Mosbacher trat „um 1924 herum" der B'nei Brit Loge bei, die sein Vater 1888 in Kassel gegründet hatte. Es war die Sinai Loge, in der sich die profiliertesten Männer der Gemeinde zusammenschlossen, um kulturelle und wohltätige Ziele zu verwirklichen. Wie bei allem, was er machte, war Hans

Mosbacher auch hier nicht nur ein einfaches Mitglied, sondern engagierte sich in der Vereinsarbeit und übernahm verschiedene Ämter, war Mitglied im Vorstand und mehrfach sogar Präsident der Loge.

> *„H.M. stammt aus einem typisch deutsch-jüdischen Haus. Er war zwar ein „Stolzer Jude" und schon seit den 20er Jahren Mitglied (und mehrfach Präsident) der B'nei Brit-Loge. Er war kein Zionist und wusste wenig vom Judentum und seiner Tradition. Diese Einstellung änderte sich 1933 grundlegend …"*

So erinnert sich Franz Wallach,[37] ein Freund und Verwandter aus Kasseler Zeiten, in seiner kleinen Festrede 1972 in Haifa, zum 90. Geburtstag Hans Mosbachers. Mosbacher blieb Mitglied der Loge, bis diese 1937 von den Nationalsozialisten aufgelöst wurde.

Die Mosbachers waren Mitglieder der Einheitsgemeinde Kassels in der Unteren Königstraße, ohne dass die Religion für sie eine besondere Rolle spielte. Sie gingen zu den hohen Feiertagen in die Synagoge, nahmen aber sonst nicht am religiösen Gemeindeleben teil. Hans Mosbacher interessierte sich eher für die sozialen Einrichtungen der Gemeinde und war im Vorstand des Gemeindevereins.[38] Gleich nach seiner Rückkehr aus England, im März 1907, wurde er Mitglied des „Israelitischen Krankenpflege-Vereins zu Cassel".[39] Die Verwaltungs-Commission schickte dem neuen Mitglied ein in wunderschöner Sütterlinschrift ausgestelltes Dokument als Begrüßungs-

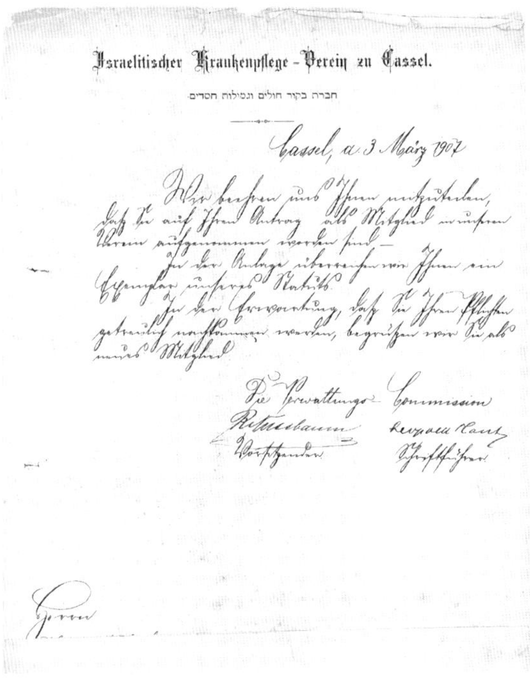
Israelitischer Krankenpflege-Verein zu Cassel.

חברה בקור חולים וגמילות חסדים

Cassel, d. 3 März 1907

Wir beehren uns Ihnen mitzuteilen, daß Sie auf Ihren Antrag als Mitglied in unseren Verein aufgenommen worden sind.

In der Anlage übersenden wir Ihnen ein Exemplar unserer Statuten.

In der Erwartung, daß Sie Ihren Pflichten getreulich nachkommen werden, begrüßen wir Sie als neues Mitglied.

Die Verwaltungs-Commission

Vorsitzender

Schriftführer

Herrn

Begrüßungsschreiben für das neue Mitglied des „Israelitischen Krankenpflege-Vereins zu Cassel" von 1907 schreiben zu. Darin beehrten sie sich mitzuteilen, dass seinem Antrag auf Mitgliedschaft stattgegeben wurde.

Neben diesem sozialen Engagement in der jüdischen Gemeinde gehörte er mehreren Kulturvereinen in Kassel an. Bereits 1907 trat er, auf Empfehlung von L. Löwenbaum, der Gesellschaft der Humanität zu Cassel[40] bei. Auch hier liegt das Begrüßungsschreiben noch vor, unterzeichnet von Alexander Fiorino, dem Vorsitzenden, und L. Löwenbaum, dem Schriftführer. Außerdem war Hans Mosbacher Mitglied der Mond-Stiftung (Ludwig Mond), der Kurhessischen Gesellschaft für Kunst und Wissenschaft, der Kant-Gesellschaft, der Deutschen Wollgesellschaft, des Bürger-Bezirksvereins Bettenhausen, des Bundes ehemaliger Frontsoldaten und der Vereinigung der Handelsrichter. 1932, zu seinem 50sten Geburtstag, hielt Karl Hermann Sichel, ein entfernter Verwandter und einer der wenigen jüdischen Beamten der Weimarer Republik – er war Regierungsbaumeister – die Festrede, in der er Hans Mosbachers Verdienste in jedem dieser Vereine mit einem kleinen Gedicht würdigte. Sichel versucht, in seiner kleinen Laudatio die verschiedenen Vereine mit ihren unterschiedlichen Zielsetzungen so weit wie möglich durch Sprache und Stil voneinander zu unterscheiden. So kommt die Würdigung der ehemaligen Frontsoldaten militärisch zackig daher und endet mit einem Salut von *„F r e i – H e i l"*. Ein kleines Gedicht des Krankenpflege- und Armenpflegevereins erinnert an Bänkelgesänge:

Die Kranken zu pflegen,
Die Armen zu hegen,
Nicht nur allein,
Auch im Verein,
Der dazu gegründet,
Mit andren verbündet,
Wirkst D u zum Guten
Der Kassler Juden.
Drum lasse Dir danken
Von Armen und Kranken.
D e i n Sorgen und Regen
Es sei D i r zum Segen.

Und noch ein Zitat aus der Gratulation des Bürger-Bezirksvereins Bettenhausen ganz auf Kasselänisch:

Mäh honn uns vom Bürgerbezirksverein Bettenhusen verdebbeld gefreid, alz mäh herden, dass Säh fuffzig Johre alt geworren wären. Sinn Säh doch so ziemlich der einzigste im Derfchen, der noch in der Wulle sizzed, un do honn ech mich dann uff de Strimbe gemach dun bin bei Ihnen nuff, um Ihnen unse beste Gradulazione uszuschbrechen. Säh sinn jo nu eigenlich in Bettenhusen nidd derheime, wawer, wo Säh doch Ähre Fawericke do honn un schond so väle Johre Ihre dreckkigte Wulle do unnen wäschen, wovonne mäh dann alzderzu de Flehe krichen duhn – nix vor ungut, Herr Mosbacher, awer wo ähre Flehe sinn, dos es rasse, dä sbierd mr im Dunkelen us den anneren rus. Un dodervor bedanken mäh uns au scheene un winschen Ihnen noch väle Jaohre in Gesundheit un Läwensfreide, un noch väle Wulle ze wäschen, u nähre Feleh kennen Söh au widder hibben lossen, äs kimmed uf einen mehr nidd ahn.

Hans Mosbacher, ca. 40 Jahre alt

Das Privatleben kreiste um gemeinsame Feste und kulturelle Ereignisse. Aus dieser Zeit stammt die Gründung des „willhöhen Klubs“, gegründet „zu Mosbach, der Kur- und Badestadt am 25. des Knospenmonats im Jahre des Herrn 1922“. Benyamin fand in seinen Kartons ein 39 Seiten langes, in einen blauen Aktendeckel fadengebundenes und handgeschriebenes Dokument dieses Klubs. Anlass der Gründung war der 40ste Geburtstag Hans Mosbachers. Bei diesem liebevoll gestalteten Buch handelt es sich wohl um ein Geschenk der Freunde an Hans Mosbacher zu diesem runden Geburtstag. Es dokumentiert die ersichtliche Freude, die Mosbachers und ihre Bekannten, Freunde und Familie am Feiern hatten, ebenso wie die Kultiviertheit, mit der Feste gestaltet wurden und die Kreativität, mit der man diese Feste ausschmückte. Nicht alles ist leicht zu entziffern. Das ganze Dokument ist mit kleinen zarten Federzeichnungen versehen, die die Texte illustrieren und den Eindruck eines alten Folianten wiedergeben. Das kleine Buch beginnt mit der Ehrenbürgerurkunde für Johannes Mosbacher, die ihm der Magistrat der Stadt Mosbach ausstellt:

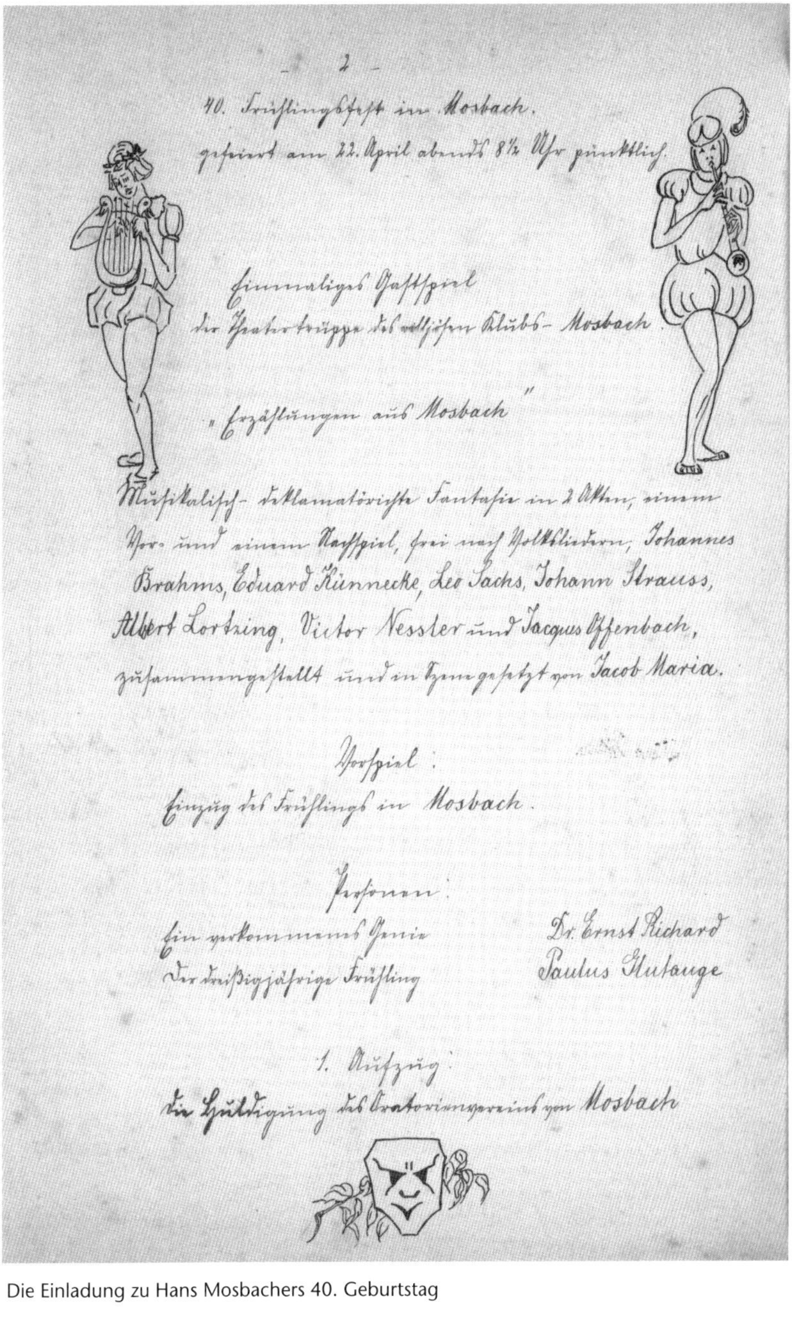

\- 2 -

40. Frühlingsfest in Mosbach.

gefeiert am 22. April abends 8½ Uhr pünktlich.

Einmaliges Gastspiel

der Theatertruppe des [illegible] Klubs- Mosbach

"Erzählungen aus Mosbach"

Musikalisch- deklamatorische Fantasie in 2 Akten, einem Vor- und einem Nachspiel, frei nach Volksliedern, Johannes Brahms, Eduard Künnecke, Leo Sachs, Johann Strauss, Albert Lortzing, Victor Nessler und Jacques Offenbach, zusammengestellt und in Szene gesetzt von Jacob Maria.

Vorspiel:

Einzug des Frühlings in Mosbach.

Personen:

Ein vollkommenes Genie — Dr. Ernst Richard

Der dreißigjährige Frühling — Paulus Glutauge

1. Aufzug:

Die Huldigung des Oratorienvereins von Mosbach

Die Einladung zu Hans Mosbachers 40. Geburtstag

Ehrenbürgerurkunde
Wir, der hochwohlweise Rat der freien Stadt Mosbach, ernennen hiermit den Johannes Mosbach, wohlanständigen Bürger unserer Vaterstadt, zum Ehrenbürger und erteilen eben demselben huldvollst die Genehmigung den Namen Hans Mosbacher führen zu dürfen, [drei Worte unlesbar] in gesteigertem Maße um das Wohl der Stadt verdient gemacht hat.
Der Magistrat der freien Stadt Mosbach

Unterzeichnet von acht Namen. Weiter enthält diese kleine Schrift eine Einladung zum:

40. Frühlingsfest in Mosbach
gefeiert am 22. April abends 8 ½ Uhr pünktlich

Das Festprogramm begann mit einem „Einmaligen Gastspiel der Theatertruppe des willhöhen Klubs Mosbach“ und führte „Erzählungen aus Mosbach“ auf.

Eine musikalische-deklamatorische Fantasie in zwei Akten, einem Vor- und einem Nachspiel, frei nach Volksliedern, Johannes Brahms, Eduard Künnecke, Leo Sachs, Johann Strauss, Albert Lortzing, Victor Nessler und Jacques Offenbach, zusammengestellt und in Szene gesetzt von Jacob Maria.

Anschließend werden der Ort der Handlung *„Land Mosbach“*, die Zeit der Handlung *„Gegenwärtigste Gegenwart“* und die Spieldauer *„Bis zum Erbrechen“* genannt. Die Preise der Plätze sind leckere Speisen. Sperrsitz: *„Eine Portion Spargel mit brauner Butter“*. Kinderplätze kosten überall Milchkaffee mit Zwieback. Weiterhin werden alle Schauspieler und Verantwortlichen namentlich aufgeführt bis schließlich der Wortlaut der Vorstellung, illustriert durch feine Federzeichnungen, folgt.

Die Satzung des „willhöhen Klubs“ und eine kleine Abhandlung über Cassel/Kassel beschließen das Büchlein. Aus der Satzung:

§1
Der willhöhe Klub Kassel ist die freie und ungarnierte Vereinigung von Nasenbrillenbesitzern zwecks Feierns zu Geburtstagen, die durch 10 teilbar sind. (...)

§7
Der Marschgruß des Klubs lautet: Ich lade gern mir Gäste ein. (...)
§17
Ausländer oder Deutsche, die auswandern, müssen jedem Mitglied des willhöher Klubs testamentarisch die 10-fache Einheit der Goldwährung ihres Landes vermachen.

Ein fröhlicher, fast alberner Scherz, in der Sprache der Behörden und Verwaltung. Viel Zeit und Muße verwendete das wohlhabende Bürgertum in den 20er Jahren auf gepflegtes Beisammensein, auf Amüsement und Witz. Liest man dies, so kann man verstehen, warum der Sohn, 60 Jahre später, noch sagen kann, dass Geldverdienen für seinen Vater eine lästige Pflicht gewesen sei und das Leben erst nach der Arbeit begann.[41]

Aus dem kleinen Aufsatz *„Kassel"*[42] lohnt es, einige Stellen zu zitieren.

Ausschnitt aus dem fadengebundenen, handgeschriebenen Buch zum 40. Geburtstag Hans Mosbachers

Nachfolgende Zeilen über unsere heißgeliebte Vaterstadt haben unsern geehrten Mitarbeiter Hans von Rittenbach veranlasst, seinen Wohnsitz von Kassel nach Mosbach zu verlegen. Wir geben die kleine Abhandlung nachfolgend wieder, ohne uns mit Inhalt derselben in allen Zeilen zu identifizieren.
Cassel ist das Gegenteil eines Chaplin-Films. Offiziell wird es mit C geschrieben. Ebenso offiziell wird es mit K geschrieben. Es ist einerlei.
Die Einwohner der Stadt nennen sich keineswegs Kasseler, sondern Kasseläner ... Es sind brave Leutchen. Entschieden ein bissel gar zu brav. Die ganze Stadt ist bieder und artig. (Mit Ausnahme der Geschäftsleute. Anmerkung der Geschäftsstelle).
Und schlecht gelüftet. Hier sitzt noch der Muff der wilhelminischen Epoche. Eine Atmosphäre wie in den Korridoren eines – brrr! Generalkommandos. In den Straßen, in den Gebäuden, in den Menschen.

In dieser seriösen Stadt kann man zum Alkoholiker werden. Man muss nicht unbedingt. Aber es empfiehlt sich. Es ist ja ein Bahnhof da, der die Flucht ermöglicht. Er schlägt in Langweiligkeit den Münchner Hauptbahnhof und das will etwas heißen. ... Ich schlage hiermit die Schreibweise „Zassel" vor.
In Zassel weiß niemand etwas von der Existenz einer Akademie. Dreißig vertrauenswürdig und gebildet aussehende Leute habe ich nach der Akademie gefragt. Immer eine falsche oder gar keine Auskunft. Lediglich die Abortfrau vom Druselturm, die ich interviewte, kannte sich aus.
In diesem Zassel stinkt es. Mein Gott, wie lange ist hier nicht gelüftet worden! In der Hauptpost bekommt man Erstickungsanfälle. Alles ist auf Zuwachs berechnet und von Kahlheit erfüllt. Das Staatstheater ist dreimal zu groß. Das Rathaus knallt vor sinnloser Monumentalität. Einst lagen zwei Infanterie-Regimenter in der Stadt, ein Husaren-Regiment, ein Artillerie-Regiment und ein TrainBataillon. Die Soldaten sind nicht mehr da. ... Zwei Drittel der Bevölkerung sind Beamte. Das dritte Drittel arbeitet in Henschel's (sic) Fabrik.
Dass Scheidemann Oberbürgermeister ist, nimmt einen wunder. Zassel ist alles andere als rot. Im Gegenteil. Es ist schwarz-weiß bis auf die Knochen.
...
Auch die Altstadt – prima! Zwar hat man sich seit 66 bemüht, das alte Cassel systematisch zu verhunzen, – hat nichts genützt. Wildemannsgasse, Zeughausstraße, Müllergasse, Druselgasse, Judenbrunnen würden mancher Stadt zur Ehre genügen.
Ich habe diesen Aufsatz ohne Luft geschrieben. In Zassel hat man zu nichts Luft. Ich bin froh wenn ich wieder fortziehe.

Ein überraschend kritischer Text über die Vaterstadt, von der Hans Mosbacher und die Freunde so begeistert waren. Aber warum diese Kritik gegenüber der „heiß geliebten Vaterstadt"? Vielleicht um die Vorteile des fiktiven Ortes „Mosbach" hervorzuheben – weil es in Kassel/Cassel/Zassel so langweilig bieder, luftlos ist, zieht man einfach hoch nach „Mosbach" und Mosbach liegt in der Kölnischen Straße 92. Die Konstruktion ist eine solche, dass Mosbach die positiven Seiten Kassels enthält, in anderen Worten: „Mosbach" ist das Beste von Kassel. Es ist ein Spiel mit Orten/Namen und unterstreicht den Grad der Identifizierung jüdischer Bürger Kassels mit ihrer Heimatstadt.

Auf einem anderen Hügel, auf dem Carmel in Haifa, stehen Altersheime. Dort oben ist es kühler als unten in der Stadt am Hafen. Von hier können die Eltern – Altersheime heißen auf Hebräisch Elternheime – hinunterblicken auf die Hafenstadt und die goldene Kuppel des Bahai Tempels. Dort besuchte ich Miriam/Martha, die jetzt in einem der vielen Heime dort oben wohnt. Sie servierte mir Kaffee und Kekse, Nüsse und Früchte und eiskalten Saft *„weil es draußen so schrecklich heiß ist"*. Gern erzählte sie mir von ihren Erinnerungen an Kassel in den 20er Jahren. Anfangs redet sie viel von ihrem verstorbenen Mann, dem tapferen polnischen Juden, der in allen Konflikten mitkämpfte. Später spricht sie von ihrer Mutter Dorothy, der ersten Frau Hans Mosbachers und bedauert, dass ihre Mutter in den Familienerzählungen doch weitgehend in Vergessenheit geraten sei. Plötzlich zeigt sie mir ein Gedicht, das sie zu Ernsts 40sten Geburtstag, 1949, vorgetragen hat. Sie liest es leise noch einmal durch und scheint ganz weit weg zu sein in ihrer Erinnerung.

Das Gedicht ist mit Schreibmaschine auf blauem Papier geschrieben, und trägt das Datum 31.5.49. Auch ein 40ster Geburtstag, aber einer der nächsten Generation für die „die freie Stadt Mosbach" nur noch in der Erinnerung fortlebt. Obwohl Miriam und Ernst schon fließend Hebräisch sprachen, und Hebräisch auch ihre tägliche Sprache war, trägt Miriam ihrem Bruder ein Gedicht auf Deutsch vor, ganz in der alten Tradition der Kasseler Juden. Es ist ein Gedicht mit Erinnerungen an eine glückliche gemeinsame Kindheit in der Kölnischen Straße, also in „Mosbach".

Ich denke als Kind mich zurücke,
Und schüttle mein braunes Haupt,
Wie sind sie lebendig die Jahre,
Die fast ich vergessen geglaubt,

Da wir in der Kölnischen Strasse
Gemeinsam im Garten gespielt
Im Schatten der ragenden Ulme
Im Sand gebaut und gewühlt,
...
Dass alles dies wirklich gewesen,
Uns heut kaum noch glaubhaft erscheint
Doch eins ist ganz wirklich geworden:
Wir sind aufs neue vereint.

Das Leben geht seltsame Wege,
Führt den nach hier, den nach dort.
Doch eins bleibt immerdar rege:
Der Kindheit Erinnerung lebt fort!

Die politischen Umstände, Flucht und Vertreibung erwähnt das Gedicht mit keinem Wort. Ihre glückliche Kindheit in der Kölnische Straße in Kassel überstrahlt die dunklen Seiten ihrer Erinnerung – die Zerstörung des deutsch-jüdischen Lebens. Der Rest des Gedichtes besteht aus Versen, die nach der Melodie „Ich hatt' einen Kameraden" gesungen werden sollten:

Du wardst zum „Kameraden"
Einen bessern gab es nit, –
Du hast das jüdische Wissen
Mit Fleiß in dich gerissen
In Zielbewusstem Schritt.

Zum 40sten Geburtstag eines Kibuzniks, im Jahr 1949, trägt ihm seine Schwester, eine ebenso patriotische Israelin, ausgerechnet ein Gedicht auf die Melodie eines deutschen Soldatenliedes vor. Auf den ersten Blick verwundert diese Melodie heutige Leser, aber das Gedicht spielt an auf die jüdische Jugendorganisation der „Werkleute": „Die Kameraden", in der Ernst als Jugendlicher Mitglied war. *„Er ward zum Kameraden"*. Die Organisation entstand mehr oder weniger als jüdisches Gegenstück parallel zu der Wandervogel-Bewegung. Anfangs war die Organisation eher sozialistisch geprägt, später propagierte sie die Auswanderung nach Palästina und bereitete ihre Mitglieder darauf vor, eine sozialistische Gesellschaft in Palästina aufzubauen.[43] Das Schriftstück trägt keinen Namen, aber Stil und Idylle der Politikvergessenheit deuten auf Hans Mosbacher hin, was Benyamin mir dann auch bestätigt. Der Vater habe die Verse für seine Tochter geschrieben, und diese habe sie gern und überzeugend vorgetragen.

In den frühen 20er Jahren kaufte Hans Mosbacher sich ein Motorrad, das in der Familienlegende, dem narrativen Familienschatz, auf immer mit dem so genannten Geburtstagsmarsch verbunden bleiben wird. Bei jedem Geburtstag, seit den Kasseler Tagen, zog die Familie, einen Marsch singend, durch die Wohnung hin zum Geburtstagstisch. Dort angekommen, hieß es jedes Mal: *„Das wichtigste Geschenk steht vor der Tür. Es passt nicht in die*

Wohnung, denn es ist ein Motorrad." Der Text des Marsches ist verloren gegangen, die Erinnerung lebt weiter bis in die Generation der israelischen Enkel Hans Mosbachers hinein. Auch sie spielen und singen den Motorrad-Geburtstagsmarsch, allerdings auf Hebräisch, und aus dem Motorrad ist in Israel inzwischen ein Hubschrauber geworden, der vor der Tür wartet. Keiner weiß mehr wirklich, worauf diese Tradition beruht.[44] Selbstverständlich erwähnt das Geburtstagsgedicht für Ernst auch das Motorrad: *„auf's Motorrad zu Vieren die ganze Mishpachah einst fuhr spazieren."* Die ganze Familie saß auf dem Motorrad: Die Eltern, Hans und Dorothy, und die Kinder, Ernst und Martha. In den „Erzählungen aus Mosbach" spielt das berühmte Motorrad im 3. Aufzug die Hauptrolle. Ein junger Mann verfolgt mit seinem Motorrad unter lautem Gehupe eine junge Dame, die an einer Ecke steht. Eine ironische Federzeichnung illustriert die kleine Episode. Hans Mosbacher hatte das Motorrad gegen den Willen seiner Frau angeschafft. Noch 1932 dichtete ein Freund zu seinem 50sten Geburtstag:

Hans Mosbacher auf seinem Motorrad
(Zeichnung aus dem Buch zum 40. Geburtstag)

Und wenn man solches (Geld) übrig hat,
So schafft ein Motorrad man an.
Und wenn die Frau es auch nicht billigt
Die Hauptsach' ist, wenn sie einwilligt,
Weil's fahren will der Ehemann.

Auch der ungeübte Dichter dieser Verse nimmt Bezug auf das Motorrad, das eben doch etwas Besonderes unter den Freunden war. Hans Mosbacher war neugierig, nicht nur auf neue Länder und neue Menschen, sondern auch auf technische Neuheiten, die er gerne ausprobierte.

In „Mosbach" wurde gesungen, musiziert und oft Theater gespielt; meist waren es Variationen der deutschen Klassiker, geschrieben und inszeniert von Hans Mosbacher. Zum eigenen und zum Vergnügen der Freunde verwandelte er die Früchte und Erkenntnisse der Leseabende kreativ zu Dramen und Gedichten. Sie spielen in der Gegenwart, sind fast ausschließlich Komödien, und beleuchten das eigene und das Leben der Freunde auf eine verschmitzt ironische Art.

Eine bei den Gebr. Gotthelft gedruckte Einladung lädt mit scherzhaftem Ernst um 5 Uhr nachmittags an einem Tag des Jahres 1925 zu einem Theaterstück ein. Wie in einer amtlichen Bekanntmachung steht in großen schwarzen Lettern:

> *Auf allgemeines Verlangen!*
> *Nur einmalige Vorstellung!*
> *„À la Carte"*
> *Imperfekt-futuristisches Gegenwartsspiel frei nach Dr. Hoffmanns Erzählungen*
> *Von Joh. Seb. Mos. Bach*

Auf allgemeines Verlangen!

*

Nur einmalige Vorstellung!

À la Carte

Imperfekt-futuristisches Gegenwartsspiel frei nach Dr. Hofmanns Erzählungen
von Joh. Seb. Mos. Bach

Regie: Herr Hof-Klingler Mann

Personen:

Der Arzt: Dr. Adalbert Berg
Elisabeth, seine rundere Hälfte
's Malchen, eine Schöne vom Land, Hausangestellte
Fifi Meier, stützende Köchin
Dylia, Krankenschwester
Der Hundefänger

Ort: Sprechzimmer des Arztes (außerdienstlich, Wohnzimmer)
Zeit: 1925, 5 Uhr nachmittags

Nach dem 1. Akte findet eine längere Pause statt

In Vorbereitung:

„Als Berg" – auf bis 1950!

Große Ausstattungsrevue in 3 Generationen

Aktiengesellschaft für Druck und Verlag vorm. Gebr. Gotthelft, Cassel

Einladung zum Theaterstück „À la Carte" von 1925

Mosbacher spielt hier mit seinem eigenen Namen, wie mit den phantastischen Elementen Hoffmannscher Erzählungen. Die Einladung weist zugleich auf das kommende Stück hin. In großen Buchstaben ist unten auf der Einladung zu lesen:

In Vorbereitung: ‚Als Berg' – auf bis 1950!
Große Ausstattungsrevue in 3 Generationen.

Laut dieser Ankündigung planen die Bewohner „Mosbachs" noch in 25 Jahren dort zu leben und zu feiern. Die Zukunft scheint gesichert. Das neue Stück: „‚Als Berg' – auf bis 1950!" soll wohl, dem Titel nach zu urteilen, auf Kasselänisch geschrieben sein.

Das Theaterstück „À la Carte" ist teilweise im Kasseler Dialekt geschrieben und ein klamaukhaftes Boulevardstück, in dem die Bediensteten klüger als ihre Herren sind und besser mit der modernen Technik wie dem Telefon umgehen können, als ihre tölpelhafte und auf ihren Stand bedachte Herrschaft. Mosbacher ließ sich gern von Molière inspirieren.

Im Jahr 1927 trennten sich Hans und Dorothy Mosbacher, was Benyamin folgendermaßen kommentiert:

1927 ist seine erste Ehe kaputt gegangen. Ohne sein Wissen hatte Dorothy einen Roman mit Oskar Libeck, ist mit ihm weggegangen, hat ihn später geheiratet und ist schließlich mit ihm in den Dreißigerjahren zurück nach England gegangen. Martha/Miriam [damals neun Jahre alt] blieb bis 1935 in Kassel und folgte dann ihrer Mutter nach England. Sie kam aber danach noch öfters zu Besuch nach Kassel. Herr Libeck wurde von den Engländern als deutscher Feind interniert und dann durch einen Austausch von Kriegsgefangenen nach Kassel zurückgeschickt, wo er bis zu seinem Tod lebte. Frau Dorothy Libeck hat die letzten 20 Jahre ihres Lebens in Israel verbracht.

Dorothy blieb bis zum Kriegsende in London, emigrierte aber 1955 nach Israel. Sie konnte sich nur schlecht mit dem Land anfreunden; blieb eine Fremde und trauerte Europa nach. Zu Hans Mosbacher hatte sie losen Kontakt, die Beziehung zu ihrem Sohn Ernst blieb eher kühl und distanziert, während sie mit Miriam, die inzwischen eine richtige Israelin geworden war, eine intensive Beziehung verband. 1986 ist Dorothy in Haifa gestorben.

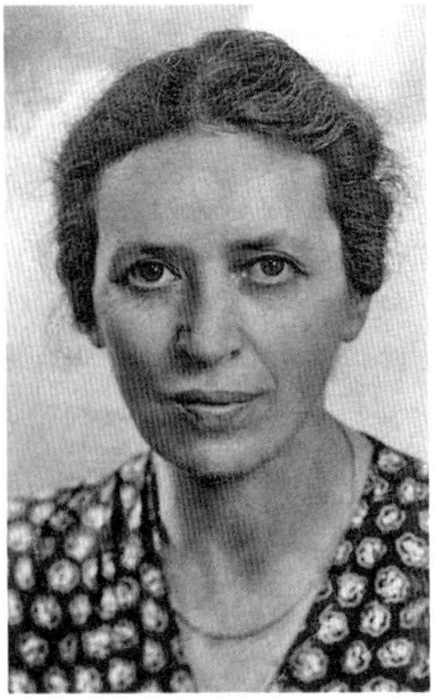

Aenne Mosbacher, die zweite Frau von Hans Mosbacher

Bald nachdem ihn seine erste Frau verlassen hatte, lernte Hans Mosbacher bei seinem Geschäftsfreund Moritz Rosenberg in Eschwege seine zweite Frau Aenne kennen. Aenne Rosenberg, 1900 in Eschwege geboren, war Röntgenassistentin. Ihr Vater leitete die Weberei und Spinnerei in Eschwege. Hans Mosbacher scheint sich sofort in sie verliebt zu haben und schrieb sehr bald, in echter Mosbachscher Manier, Liebesgedichte an Aenne. In meinem Archiv gibt es ein mit gelben Schleifen zugebundenes Poesiealbum, das fast 40 Liebesgedichte an Aenne enthält. Nur eins trägt ein Datum. Es ist vom 1. Juni 1927 und darunter steht: *„Erinnerung an einen fröhlichen (und stürmischen) Abend."* Es ist ein Gedicht auf die Straßenbahn Nr. 13 mit der Aenne Rosenberg wohl jeden Tag zur Arbeit fuhr. Hier einige Zeilen daraus:

Natürlich war mir [schon rein mathematisch,–
auch sonst] die Dreizehn sehr unsympathisch.
Doch die sokratische Bedeutung mich jetzt durchdringt,
seitdem die Dreizehn Dich morgens bringt
und weiter dann fährt nach Bettenhausen
Als brächt' sie 'nen Gruss von Dir mir hier draossen.
Nicht für 'ne Million würd' ich sie verschenken –
Muss ich doch statt „Dreizehn" – „Aenne" denken!

Bei der ersten Einladung zum Mittagessen bei Rosenbergs, so erzählt die Familienlegende, gab es Blumenkohl, den Hans nicht ausstehen konnte. Aber als angehender Schwiegersohn wollte er einen guten Eindruck machen und zwang sich, den verhassten Kohl zu essen. Bevor er ging, schrieb er in Schönschrift mit Füller in den Serviettenring: *„Hans isst keinen Blumenkohl"*. Ein geflügeltes Wort in der israelischen Familie Maoz.

1928 heirateten die beiden in der Synagoge in Eschwege. Es war eine typisch jüdische Hochzeit – mit Chupah. Anschließend traf sich die Familie im kleinen Kreis bei den Rosenbergs zum Festessen. 1929 wurde Hans Bernhard geboren, der Sohn, der heute noch, im 21. Jahrhundert, seinen Vater zitieren kann und sich an die vielen Einzelheiten aus dem Leben seines Vaters erinnert.

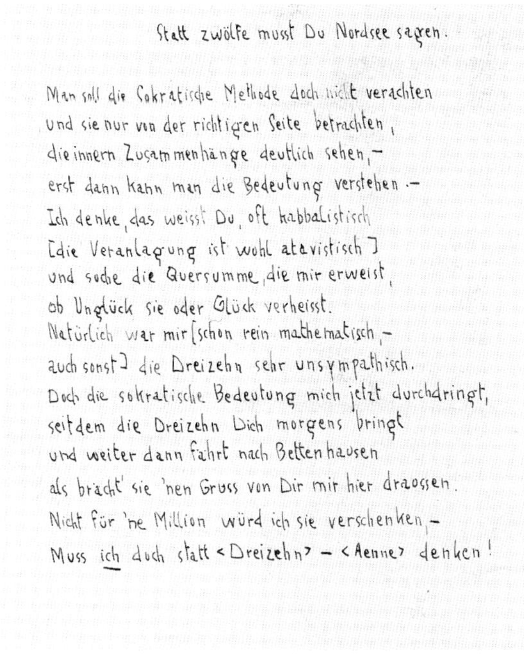
Statt zwölfe musst Du Nordsee sagen.

Man soll die Sokratische Methode doch nicht verachten
und sie nur von der richtigen Seite betrachten,
die innern Zusammenhänge deutlich sehen, –
erst dann kann man die Bedeutung verstehen. –
Ich denke, das weisst Du, oft kabbalistisch
[die Veranlagung ist wohl atavistisch]
und suche die Quersumme, die mir erweist,
ob Unglück sie oder Glück verheisst.
Natürlich war mir [schon rein mathematisch, –
auch sonst] die Dreizehn sehr unsympathisch.
Doch die sokratische Bedeutung mich jetzt durchdringt,
seitdem die Dreizehn Dich morgens bringt
und weiter dann fährt nach Bettenhausen
als brächt' sie 'nen Gruss von Dir mir hier draossen.
Nicht für 'ne Million würd ich sie verschenken, –
Muss ich doch statt <Dreizehn> – <Aenne> denken!

„Statt zwölfe musst Du Nordsee sagen." Faksimile des Liebesgedichtes von Hans Mosbacher an Aenne vom 1. Juni 1927

Ein kleiner Einschub zur Erzählstimme Benyamins: Er spricht wenig von seiner eigenen Beziehung zum Vater und selten über seine eigenen Erinnerungen. In unseren Unterhaltungen stand stets der Vater im Mittelpunkt, Benyamin, als Erzähler, war nur eine Stimme des Vaters, er setzte ihm ein Denkmal aus Worten, fast als wolle er ihn mit diesen Erzählungen wieder zum Leben erwecken. Das überrascht, weil Menschen sich im Alter eher an die eigene Vergangenheit und nicht an die eines Elternteils erinnern. Benyamin hat alle Zettel, Bilder, Dokumente des Vaters, die er kaum noch lesen kann, aufgehoben, gehütet, und will sie vor dem Verschwinden bewahren. Warum ist es ihm so wichtig, seinem Vater dieses Denkmal zu setzen? Ob er es selbst weiß? Im Jahr 2000 schrieb Benyamin *„Eine biographische Skizze von meinem Vater Hans Mosbacher"*. Dieser vierseitige Lebenslauf seines Vaters, in der dritten Person geschrieben, ist ein seltsam distanzierter Text, der eigene Vater wird nur H.M. genannt, fast als spräche er von einem Fremden. Eigene Gefühle, Freuden oder Ängste erwähnt er gar nicht. Bei aller Verehrung für den Vater bleibt das intime Vater-Sohn Verhältnis im Dunkeln.

Das Gotthelft-Haus in der Sophienstraße 5, in dem die Mosbachers von 1933 bis 1937 wohnten.

Nach der Scheidung und der neuen Eheschließung lebte Hans Mosbacher mit Aenne weiterhin in der Kölnischen Straße 92. Ernst, der erwachsene Sohn, entschied sich für den Vater und legte diese Entscheidung schriftlich fest. Er studierte bereits in Berlin und kam nur selten zu Besuch nach Kassel. Martha/Miriam hatte es als die Jüngere viel schwerer. Zwischen 1928 und 1935 war sie hin- und hergerissen zwischen Mutter und Vater; zeitweise wohnte sie bei Mosbachers, dem Vater und seiner neuen Familie, und zeitweise bei ihrer Mutter und ihrem neuen Mann. Aenne Mosbacher und

Martha/Miriam hatten es nicht leicht miteinander. Das Mädchen konnte und wollte die neue Mutter nicht so recht akzeptieren, und für Aenne war es nicht einfach, mit einem rebellischen und verletzten Mädchen umzugehen. 1935 ging Martha/Miriam mit ihrer Mutter Dorothy und Oskar Libeck nach England, wo sie der Vater vor seiner Emigration nach Palästina noch einmal besuchte. Bald folgte sie ihm dorthin.

Richard Gotthelft und seine Frau Selma starben beide unerwartet und kurz hintereinander in der ersten Hälfte des Jahres 1933. Für Hans Mosbacher und seine Familie bedeutete dieser Tod, dass das schöne Gotthelft-Haus des Onkels in der Sophienstraße 5 frei wurde und sie in eine der Wohnungen ziehen konnten. Benyamin war vier Jahre alt, und erinnert sich nicht an „Mosbach", an die Glanzzeit in der Kölnischen Straße 92, sondern nur an das „schöne Haus" in der Sophienstraße. Das Haus wurde bei dem großen Bombenangriff auf Kassel zerstört, nur der Garten ist geblieben. Oft bat mich Benyamin, in die Sophienstraße zu fahren und er blickte dann still in den Garten, bis er schließlich sagte: *„Hier hat die Nazi-Zeit und die Verfolgung für uns begonnen"*.

Kassel war die Stadt, in der Roland Freisler schon sehr früh seine antisemitischen Hetzkampagnen startete. Die Familie Freisler wohnte auf der Terrasse, der Straße, in die die Sophienstraße mündet. Hierzu gibt es eine der seltenen Kindheitserinnerungen Benyamins, die er mir, während er in den Garten blickte, erzählte. Eines seiner beliebtesten Kinderspiele war: „Thora einheben und ausheben". Er spielte es zu Hause und auf der Straße. So spielte er es auch besonders gern mit einem Jungen auf der Terrasse, bis Aenne Mosbacher sah, dass Benyamin mit dem Sohn Freislers eifrig „Thora einheben und Thora ausheben" spielte. Sie rief ihren Sohn sofort herauf und fragte: *„Was habt Ihr denn gespielt?", „Thora einheben und ausheben"*, kam die Antwort. Aenne Mosbacher bekam einen Schrecken, denn das Spiel mit dem Sohn Freislers war ein gefährliches Spiel. Er erzählt mir diese Begebenheit mit einem verschmitzten Lächeln. Die Angst und Not seiner Mutter in den nächsten Tagen erwähnt er nur, als ich danach fragte. Das Spiel blieb aber ohne Konsequenzen.

Die sorglosen Jahre in Kassel endeten mit dem Umzug von der Kölnischen Straße in die Sophienstraße, oder, in der Mosbacherschen Theatersprache metaphorisch gesprochen, mit dem Umzug von „Mosbach" nach Kassel, von der freien Luft in Mosbach in die dumpfe Luft der Nazi-Propaganda in der Stadt Kassel, in der man zu ersticken drohte. In der Sophienstraße endete der Traum der deutsch-jüdischen Symbiose für die Familie Mosbacher.

1933 bis zur Emigration

Kommen wir noch einmal zurück auf den Tod von Richard und Selma Gotthelft. Richard Gotthelft war der letzte Besitzer des „Kasseler Tageblatts“, das sich selbst als „Sprachrohr demokratischer und liberaler Weltanschauung, die große Brücke zwischen links und rechts“[45] sah. Die Nationalsozialisten in Kassel begannen in der zweiten Hälfte des Jahres 1932 einen recht erfolgreichen Inserentenboykott gegen das „Kasseler Tageblatt“, mit der Drohung, ihre Anhänger würden in Geschäften, die weiterhin in der Zeitung des jüdischen Verlagshauses inserierten, nicht mehr einkaufen. Die Geschäftsanzeigen gingen zurück, das Verlagshaus geriet in finanzielle Schwierigkeiten und legte am 30. September 1932 seine letzte Ausgabe vor. Begründet wurde dieses Ende wohlweislich nicht mit dem Rückgang der Anzeigenkunden, sondern allein mit der allgemeinen Wirtschaftskrise. Kurz darauf starben Richard und Selma Gotthelft. Über das Todesdatum sowie über die Umstände des Todes der beiden herrscht Unklarheit. Im Stammbaum „The Gotthelft Family Tree, compiled by Frieda und Karl Hermann Sichel, Johannesburg South Africa“ von 1966 ist der 9. Februar 1933 als Todesdatum für Selma und der 8. Juni 1933 als Todesdatum für Richard Gotthelft verzeichnet.

In Benyamins Erinnerungstext aus dem Jahr 2000 heißt es dagegen: *„1932 starb der Onkel von Hans Mosbacher (Richard Gotthelft) und zwei Tage später seine Frau Selma ...“*. Lothar Döhn wiederum schreibt in einem Aufsatz „Presse und Nationalsozialismus in Kassel“:

> *Der letzte Vertreter der Familie Gotthelft in der Verlagsleitung, Richard Gotthelft, starb im Frühjahr 1933, einen Tag später seine Frau. Über die näheren Umstände ihres Todes, der in die Zeit der ersten größeren Judenverfolgung fiel, liegen auch seitens der Angehörigen keine Informationen vor.*[46]

Es ist sicherlich notwendig, auf die zeitliche Nähe des Erscheinungsdatums der letzten Ausgabe des „Kasseler Tageblatts“, das kurz vor seinem 80. Firmenjubiläum vernichtet wurde, und des Todesdatums der Eheleute Gotthelft hinzuweisen.

Mit der Machtergreifung Hitlers am 31. Januar 1933 nahmen die antisemitischen Ausschreitungen und Hetzkampagnen zu. Der Terror gegen die Juden in Kassel begann mit einer Boykottdemonstration am 9. März 1933.[47]

Jüdische Geschäfte wurden boykottiert, Bürger, die weiter bei Juden kauften, angepöbelt und bedroht. Ziel dieser Aktion war es, die jüdischen Geschäftsleute wirtschaftlich zu schwächen, auszugrenzen und zu ängstigen. *„In der Nacht des 12. März 1933 warfen unbekannte Täter Scheiben der Geschäfte jüdischer Inhaber ein.“*[48] Die Kasseler Nazipresse wie die „Hessische Volkswacht“, hetzte gegen die „rassejüdischen Blutsauger, die unter Anwendung verwerflicher Methoden“ ehrliche deutsche Menschen ausbeuteten.[49] Ende März, am 24. und 25. März, verhafteten SA-Trupps jüdische Männer und brachten sie in die berüchtigten „Bürgersäle“, wo sie schwer misshandelt wurden. Die Gaststätte „Bürgersäle“ befand sich in der Oberen Karlstraße 17 und diente der NSDAP und der SA als Stamm- und Versammlungslokal.[50] Neben Gewerkschaftlern, Sozialdemokraten und Kommunisten waren es vor allem jüdische Angehörige der wohlsituierten Bürgerschicht, die in die „Bürgersäle“ verschleppt wurden. Darunter Kaufleute wie Ball, Feuerstein, Strauss, der Bankier Josef Plaut und die Rechtsanwälte Julius Dalberg und Dr. Max Plaut, um nur einige zu nennen. Im Staatsarchiv Marburg ist ein acht Seiten langer Vermerk vom 28. März 1933 des Kasseler Polizeipräsidenten von Kottwitz unter dem Titel „Über die Mißhandlungen von jüdischen Rechtsanwälten, Kaufleuten usw. am 24. und 25. März 1933“ einzusehen.[51] Minutiös protokolliert von Kottwitz die Gespräche im Polizeipräsidium am 25. und 26. März 1933. Hier einige Auszüge: Um „17.15 Uhr teilt der Offizier vom Dienst mit, dass der Kaufmann Ball ... besinnungslos in einer Droschke wieder nach Hause geschafft worden sei“. Und gegen 21 Uhr teilt Regierungsrat Dr. Lindenborn mit, dass der Rechtsanwalt Dr. Max Plaut schwer misshandelt worden sei und in Lebensgefahr schwebe. Max Plaut starb an seinen Verletzungen eine Woche später, am 31. März 1933. Am 28. März 1933 macht der Polizeipräsident von Kottwitz seinen Vermerk, den er dem kom. Regierungspräsidenten v. Monbart zur Kenntnis schickt. Am Ende des Berichtes ist handschriftlich vermerkt, dass er dieses „weisungsgemäß“ tue und der Vermerk auch dem Regierungsvizepräsidenten vorzulegen sei.[52] Am 1. April macht sich der kom. Regierungspräsident v. Monbart einen Vermerk, dass von Kottwitz ihm am 1.4. morgens fernmündlich mitgeteilt habe, dass Rechtsanwalt Plaut an einer Lungenentzündung verstorben sei. Die Staatsanwaltschaft nähme eine Sektion der Leiche vor, um festzustellen, ob der Todesfall mit dem erlittenen Misshandlungen in ursächlichen Zusammenhang stehe.[53] Der gleiche Vermerk ist auch auf der Nachricht über den äußerst kritischen Zustand des Rechtsanwaltes Julius Dalberg verzeichnet.[54]

Diese Ereignisse, aber vor allem der Mord an Max Plaut, der nicht nur vielen ein enger Freund, sondern mit einigen verwandt[55] war, führten zu großer Unruhe innerhalb der jüdischen Gemeinschaft in Kassel. Einige enge Freunde und Verwandte Hans Mosbachers entschlossen sich zur Emigration. Sein Sohn Ernst kehrte nicht mehr aus Berlin zurück und ging mit seiner Frau Ilse, geb. Löwenstern, direkt nach Palästina. Ernst und Ilse heirateten in der gleichen Woche, in der sie nach Palästina flohen. Aenne Mosbachers Schwägerin Käthe Katzenstein, geborene Plaut, und ihr Mann, der Fabrikbesitzer Ludwig Katzenstein, und auch ihre Schwester Liese, verheiratet mit Ernst Plaut, einem Bruder Käthe Katzensteins,[56] verließen Deutschland und gingen nach Palästina. Die Eltern von Aenne, Moritz und Rose Rosenberg aus Eschwege, emigrierten bald danach, im Jahr 1935.

Inwieweit diese Ereignisse Hans Mosbacher und seine Frau Aenne ernsthaft beunruhigten, wissen wir nicht. Über den Jahren 1933 bis 1937 liegt ein Schweigen, es gibt weder schriftliche Unterlagen, noch mündliche Überlieferungen.

1933 war Hans Bernhard vier Jahre alt und reif für den Kindergarten, aber kein deutscher Kindergarten nahm das jüdische Kind mehr auf, ein Problem, das Aenne Mosbacher sehr pragmatisch löste, indem sie einen privaten Kindergarten für jüdische Kinder in der Sophienstraße 5 aufmachte und dafür vor allem den schönen Garten nutzte. Als die Kinderzahl zu groß wurde, organisierten mehrere jüdische Familien zusammen einen Kindergarten in den Räumen der Sinai Loge. Lebensräume wurden beschnitten und eingegrenzt, aber die Familien wussten sich zu helfen und lösten die Probleme, wenn sie auftauchten. Obwohl Aenne Mosbacher als Zionistin galt, scheint auch sie nicht zur Auswanderung gedrängt zu haben. Die Firma lief gut, das 50-jährige Firmenjubiläum stand bevor, die Familie hatte eine wunderschöne Wohnung, all dies aufzugeben und in ein unbekanntes Land zu gehen, fiel eben sehr schwer. Vielleicht ging der Spuk ja doch bald vorüber.

Im Jahr darauf, im Frühjahr 1934, entschloss sich Hans Mosbacher doch nach Palästina zu reisen, das Land zumindest kennenzulernen, und seinen Sohn und die ausgewanderten Verwandten und Freunde zu besuchen. Er buchte eine Passage erster Klasse auf dem italienischen Luxusliner „Aquitania“ und reiste von Villefranche aus – ganz in der Tradition Palästina-Reisender des späten 19. und frühen 20. Jahrhunderts, nach Haifa. Wie viele andere vor ihm, so fuhr auch er mit romantischen Vorstellungen aus dem

Werbezettel des italienischen Luxusliners „Aquitania“, mit dem Hans Mosbacher 1934 nach Haifa reiste.

zivilisierten Europa in das Land der edlen wilden Araber. Der Orientalismus beeinflusste das, was die Reisenden sahen und später beschrieben oder fotografierten. Im Gegensatz zu den Engländern und Franzosen, die schon Mitte des 19. Jahrhunderts Palästina und den Mittleren Osten bereisten, wurde das Land erst ein deutsches Reiseziel, nachdem der deutsche Kaiser dort gewesen, eine Kirche gebaut und deutsche Interessen sozusagen auch in Jerusalem angemeldet hatte. Vor allem Kirchenleute, Pfarrer, Theologen und fromme Christen bereisten Palästina, um dort das von Kaiser Wilhelm begonnene Werk der Kirche fortzusetzen. Juden, die nach Palästina reisten, waren entweder Zionisten oder besuchten Familienangehörige, wie Hans Mosbacher. Viele bewunderten die ersten jüdischen Siedler als die „Neuen Juden“, so wie der Zionismus es verkündet hatte. Else Lasker-Schüler, die um die gleiche Zeit wie Hans Mosbacher das Land bereiste, und ihre Eindrücke im „Hebräerland“ beschrieb, spricht darin von den starken, naturverbundenen, tatkräftigen und einfachen Hebräern oder Chaluzim (Hebr. Pioniere), die, unverdorben durch die kränkelnde europäische Zivilisation und ihre Dekadenz, das Land besiedelten und die Natur eroberten. Diese frühen jüdischen Reisenden waren begeistert von der Schlichtheit der Menschen, der exotischen noch zu bezwingenden Landschaft und den Möglichkeiten, dort etwas ganz Neues zu gestalten. Hans Mosbacher war da keine Ausnahme.

Er führte akribisch Tagebuch auf dieser Reise, und schrieb Briefe nach Hause. Einige Blätter sind erhalten geblieben. Hierin berichtet er von den Verwandten und deutschen Freunden, die er besuchte, beschreibt ihre Wohnungseinrichtungen und wie sie ihren Lebensunterhalt verdienen, welche Konzerte sie besuchen, was sie essen; er ist begeistert von der Landschaft des Landes, und befremdet von den frommen Juden, die er in Jerusalem sieht, aber fasziniert von dem bunten, lauten und duftgefüllten Treiben in den Städten und Dörfern.

Hier ein Auszug:

> *Jerusalem 2. April 1934*
> *Ich habe wieder eine ganz Menge zu erzählen, trotzdem wir durch die Feiertage – es waren ausser Pessach*[57] *ja gleichzeitig Ostern & das grosse mohammedanische Wallfahrtsfest – noch nicht zur systematischen Besichtigung der Stadt gekommen sind. ... Freitag Abend hatten wir einen besonders gelungenen Seder, den Ernst mit allerhand interessanten Erklärungen tadellos mit allen Chikanen (sic) gab. Hier ist das ja etwas ganz anderes – ein allgemeines Fest (die Juden namentlich die chassidischen mit riesenrunden Pelzhüten laufen im seidenen Kaftan & Tallesim auf der Strasse herum, auch die vielen anderen Juden mit den Schmachtlocken, die Jungen oft mit glatt geschorenem Kopf & nur die Schläfenlocken stehen gelassen). ... Die Heiterkeit der Menschen hier ist ja bezaubernd. Wir waren in einer der unzähligen Synagogen – ein schmuckloser Saal, überfüllt, & eine Teilnahme wie bei einem Volksfest, leidenschaftlich, wie in einer Volksversammlung & in einem Tempo! Aber mit einem „Service" hatte ich genug.*
> *Vom christlichen Ostern merkte ich nicht viel, dafür sahen wir gestern (Sonntag) früh die ungemein eindrucksvolle arabische Prozession, die vom Land kommt und ins Jaffator einzog (sie kehren Donnerstag erst zurück) aus vielen verschiedenen Rassen zusammengesetzt, in fantastischen Kostümen – braune, weiße und ganz schwarze, mit Turban, Fezen, Tüchern, Fellachen, Männer und Jungen, dazwischen englische Polizei (Engländer, Araber, Transjordanier, Sudanneger alles in Polizeiuniform) – Psalmen*

singend, leidenschaftlich wild. Schöne Typen & richtige Räuberphysiognomie, Stöcke schwingend, Schwerttänzer, dazwischen politische Hetzrufe, oft von hochgehobenen kleinen Jungen (wie uns Ben Gabriel – Typ Blumenthal – erklärte). Die Dächer, Zinnen, das dicke Tor von orientalischen Menschenmassen dicht besetzt, Araber dabei in rein orientalischer Kleidung, aber mit Füllfederhalter in der Seitentasche – ganz bizarr diese Mischung! In die innere Stadt zu gehen, die diese fanatische Menge füllte, war zu gefährlich.

Fortsetzung, nachmittag
Heute vormittag war ich mit Ilse an der Klagemauer – ein ganz eigentümlicher, ergreifender und doch abschreckender Anblick, diese laut betenden, sich wiegenden und erregten Juden aller Art, die die Steine küssen, Bittbriefe in die Ritze schieben, – dabei Haufen von Bettlern, auf der Erde kauernde alte orientalische Juden mit Gebetbuch – Chassidim mit einem Strick um den Leib, um den „unreinen“ Teil des Körpers von dem reinen zu trennen. Schöner war ein Gang auf der alten, aus dem 16. Jahrhundert stammenden Mauer mit Blick auf den eigentlichen Tempelberg mit der Riesen-Moschee – ins Land hinein auf den Ölberg, Gethsemane, Kidron Tal und die älteste Stätte der David-Stadt, die heute leer ist.

So sehr ihn das ungezwungene heitere Leben der Menschen in Palästina erfreut und begeistert, so befremdlich sind ihm die frommen Juden und die traditionellen Riten. Sein Bericht erwähnt, dass Ernst, der Rabbiner, den Seder „mit allen Schikanen“ ausrichtete, so als ob es sich um ein säkulares Ereignis handele. Auch reicht ihm ein Gottesdienst zu den Feiertagen. Zu viel Religion, und dazu noch nach orthodoxem Ritus, fand Hans Mosbacher ermüdend, sie langweilte ihn.

In Jerusalem begegnet er wahrscheinlich zum ersten Mal einer größeren Zahl selbstbewusster orthodoxer Juden der verschiedenen Richtungen, die in Gruppen durch die Straßen Jerusalems spazieren.

Die betenden Menschen, hauptsächlich Männer, an der Klagemauer sind ihm völlig fremd und wirken abschreckend. Er spricht von den Juden, wie einer, den sie nichts angehen, als seien es exotische Wesen, „erregte Juden aller Art“. Ihn interessierte weder der Zionismus noch die Religion in diesem Land. Für ihn ist Palästina nicht die Vorstufe zu einem jüdischen Staat, im Gegenteil, in einem Brief äußert er sich verwundert darüber, dass er in Jerusalem nichts vom Sonntag merkt:

22. April 34
Es ist Sonntagfrüh, aber vom Sonntag merkt man hier nichts; auch in Jerusalem ist vorwiegend Schabbat, „Sonntag", die Läden bis abends zu und nur wenige arabische Autos und Busse fahren.

Die Osterprozession der arabischen Christen scheint ihm weniger fremd als die betenden Juden an der Klagemauer. Der europäische Blick auf das wilde, leidenschaftliche Volk im Orient erlaubte ihm, die Osterprozession in ein bestehendes Modell einzuordnen, während die frommen Juden ihn, wie so viele der aufgeklärten, assimilierten Juden Europas, peinlich berührten.

Aber Hans Mosbachers Blick dringt durch die vorgestanzten Bilder, er sieht die Risse in der Schablone, den Einbruch der Moderne in diese exotische Welt, Füllhalter und traditionelle Kleidung, oder die politischen Hetzrufe. Er beobachtet und erzählt, ist fasziniert, aber analysiert nicht. Ob ihn und seine Freunde die politischen Hetzparolen geängstigt haben? Was schrien die kleinen Jungs? Wir kennen sie heute auch, diese Bilder hochgehaltener kleiner Jungen mit Hetzparolen gegen Israel und die USA.

Hans Mosbacher interessiert sich für die Geschichte und die Archäologie des Landes, von der üppigen Vegetation und den exotischen Früchten und Erscheinungen der Menschen ist er wie berauscht.

Als er auf der Brücke nach Transjordanien an der Zollstation steht, schreibt er in sein Tagebuch: *„Das ist die Stelle ungefähr, wo die Juden beim Eintritt nach Kanaan über den Fluss gegangen sind – wunderbar!"*

Er saß eines morgens früh auf der Terrasse von Tel Alon, dem großen Landgut von Alfred und Hilde Kaufmann,[58] ließ seinen Blick über die im Stil von Kalifornien angelegte Obstplantage schweifen und berauschte sich an der Üppigkeit und dem Überfluss des Landes. Diese Begeisterung muss Hans Mosbacher sofort mit seiner Frau Aenne teilen, und so schreibt er am 22. April:

Im schönen außerordentlich gepflegten Besitztum von A.K.'s [Alfred und Hilde Kaufmann] *mit allem möglichen Comfort. ... Cypressenwände als Windschutz, Eukalyptuswälder zur Entmoorung (die Bäume sind in 2 Jahren aus kleinen Stöcklingen 2-3 Meter hoch, wie überhaupt alles rasend schnell wächst), also da pflückten wir gestern Erdbeeren, Orangen von den gleichzeitig blühenden Bäumen, Zitronen, einige kleine mir unbekannte mispelartige, gelbe Früchte, die wie Birnen schmecken, Auberginen, Gurkengemüse, stachen Spargel, holten Salat und Gemüse in Hülle und Fülle.*

Die Hauptsache sind natürlich die Citrusfrüchte, Grapefruit sind schon ab, wir assen heute früh welche so gross wie Männerköpfe, so süss, dass sie keinen Zucker mehr brauchen. Es gibt auch Mandeln, Feigen, Bananen, Aprikosen. Um das Haus herum schöne violette Blumenbeete, wie Teppiche, aber aufsteigend, nach oben, – von weithin sichtbar.

Die Juden, die er bewundert, sind die starken, braungebrannten, hart arbeitenden Siedler, aber im Großen und Ganzen sieht er auch, dass er in Palästina weitgehend wie in Kassel leben kann. Er besucht deutsche Freunde in Tel Aviv, Haifa und Jerusalem und bemerkt die komfortablen Wohnungseinrichtungen, die vielen Bücher und Teppiche: *„Bei Dr. Strauss, Ilse Hahn – ungemein elegant – wie in Berlin eingerichtet – in dem modernen Rechavia-Quartier.“*[59]

Rehovot vergleicht er mit dem Brasselsberg in Kassel.

Rehovot ist eine Art Gartenstadt, mit netten neuen Häuschen und alten Buden, Läden, etc. – etc. etwa wie Brasselsberg, nur mit Läden und ohne Wald & Wiese, auf weißem Strandsand, der die Strassen wie bei Dünen bedeckt, – durchflutet von Orangenduft – die riesigen Paderssim ringsum blühen, nur die Zitronen hängen noch – dabei kühlender Seewind. Araber wohnen hier nicht, sie kommen nur mit ihren Kamelen & ihren Eseln zur Arbeit, diese Tiere liegen, wenn sie nicht grade schleppen, auf der Strasse.

Sein Sohn Ernst begleitet ihn auf vielen der Streifzüge durch das Land, er ist sein Fremdenführer und Dolmetscher. *„Die Speisekarten in den jüdischen Restaurants sind nur in Hebräisch, da komme ich ohne E. & I.* [Ernst und seine Frau Ilse] *nicht mit.“*

Ernst Mosbacher – damals noch jung, 25 Jahre alt und promovierter Rabbiner – brauchte eine ganze Weile, bis er seine europäischen Gewohnheiten ablegte und ein richtiger Siedler wurde. Anfangs bestand er noch darauf, als Dr. Mosbacher angesprochen zu werden. Da er als liberaler Rabbiner in Palästina keine Anstellung finden konnte, wollte er, wie die meisten seiner Kollegen, Lehrer werden. Im Beth Ha Kerem[60] besuchte er ein Lehrerseminar, um sich zum Volksschullehrer ausbilden zu lassen. In dieser Zeit arbeitete Ernst, um seinen Lebensunterhalt zu verdienen, in der Meyerschen Bibliothek in der Shlomzion-HaMalka-Straße, die damals noch Princess Mary Straße hieß. Dort konnte der Vater stöbern und auf seine alten Bekannten, die deutschen Klassiker, treffen. Den Laden gibt es heute noch, allerdings nicht mehr von der Familie Meyer geführt. Dort saßen Vater und Sohn mit dem Großvater zusammen in der Ausleihbibliothek und diskutierten, tranken türkischen Kaffee und trafen alte und neue Bekannte. Eine Leihbibliothek im damaligen Palästina war eine wichtige und viel begehrte Dienstleistung. Denn viele der deutschen Immigranten waren mit ihren ganzen Bibliotheken angekommen und konnten sie nirgends in den viel zu kleinen Räumen unterbringen, so dass ihnen nichts anderes übrig blieb, als die Bücher zu verkaufen oder zum Aufbewahren wegzugeben. Meyer hat mit diesen aus Deutschland mitgebrachten Büchern die Ausleihbibliothek aufgemacht. Der Ort muss für Hans Mosbacher ein Paradies gewesen sein: Im Orient mit all seiner literarisierten Romantik, aber dennoch inmitten seiner geistigen Heimat, den Büchern der deutschen Klassik. Diese geistige Heimat hat er nie verlassen. Hans Mosbacher bleibt der europäische Palästina-Reisende, fasziniert vom Exotischen und Fremden, aber er kann sich jederzeit nach Europa zurückziehen, indem er zu Meyers geht und in der Bibliothek sitzt. So schieben sich die Orte übereinander, er ist im Orient und ist doch nicht dort. Wie eine Enklave inmitten der lauten Stimmen, der Gerüche, der aufdringlichen Farben und Düfte, wirkt der Ort, in den nichts hineindringt. Sobald Hans Mosbacher die Schwelle von Meyers Bibliothek überschritt, trat er in eine andere Welt ein, in eine ihm vertraute Welt. Es war wie eine Zeitreise.

Warum sollte er also nicht in so ein Land gehen? Ein Land, in dem man beides haben konnte, das Abenteuer und das Gewohnte. Hans Mosbacher, der glückliche Jude aus Kassel, fand seine innere Wirklichkeit auch leicht in der äußeren Wirklichkeit bestätigt. Auf seiner Reise durch die Wüste ans Tote Meer sieht er ein Auto. Aber es ist nicht irgendein Auto, sondern *„stellt Euch vor, da kommt ein deutsches Auto an, mitten in der Wüste, mit der Nummer TFT 1, aus Kassel und es war keine Fata Morgana“* (TFT war damals das Kennzeichen für Kassel). Hans Mosbacher trifft in der Wüste Judäa einen Bekannten aus Kassel, der mit seinem Auto unterwegs ist. Der Name des Autobesitzers ist im Familien-Narrativ verloren gegangen, es wird nur noch erzählt, dass einer aus Kassel auf Besuch in Palästina war, und über die Türkei mit dem Auto dorthin gefahren war. *„Es gab doch verrückte Leute“*, so Benyamin heute. Nicht nur Meyers Leihbibliothek schuf demnach die Verbindung zu Kassel, sondern sogar die Wüste war durch dieses Auto zu einem Stück Heimat geworden, vertraut und verbunden.

Der Motorradführerschein von Hans Mosbacher aus dem Jahre 1921

Ein kurioses Dokument, datiert auf den 25. April 1934, zeigt die spielerische Freude, die Hans Mosbacher und sein Sohn Ernst an der ganzen Gegend hatten. Das Schriftstück ist später datiert, denn Ernst schrieb es für seinen Vater zum 1. April 1934 als kleinen Aprilscherz. Absender des Schreibens ist kein Geringerer als: *„His Majesty the Emir of TransJordan, Rabath Amman"*. Es folgt eine Zeile arabisch und dann folgender Text:

> *Hochverehrter Freund!*
> *Ich habe gestern die unschätzbare Ehre Ihres Besuches gehabt und mich ausserordentlich gefreut, so einen Einblick zu gewinnen in die neuesten Frechheiten zionistischen Expansionsgeistes. Da mir zugleich von dem Kasseler Korrespondenten unserer Reichszeitung „Ammaner Volksbote" bekannt geworden ist, dass Sie mit dem heutigen Tage wieder einen vollen Lenz zurück gelegt haben, beehre ich mich, Ihnen von folgendem Beschluss des Kabinettes von und zu Transjordanien Kenntnis zu geben.*
> *Im Vertrauen auf die großen konstruktiven Fähigkeiten des Herrn H. Mosbacher, wie sie sich insbesondere in der neuen Innenarchitektur des Beth Wallach, Jerusalem, erwiesen haben ...*
> *In der Hoffnung, dass sich die bis jetzt so zarten Bande gegenseitiger Freundschaft zu einem großen, fruchtbaren Baum anwachsen mögen – mit dem Ausdruck aufrichtiger Befriedigung darüber, nun endlich den geeigneten Mann für den noch leeren Posten zu haben –*

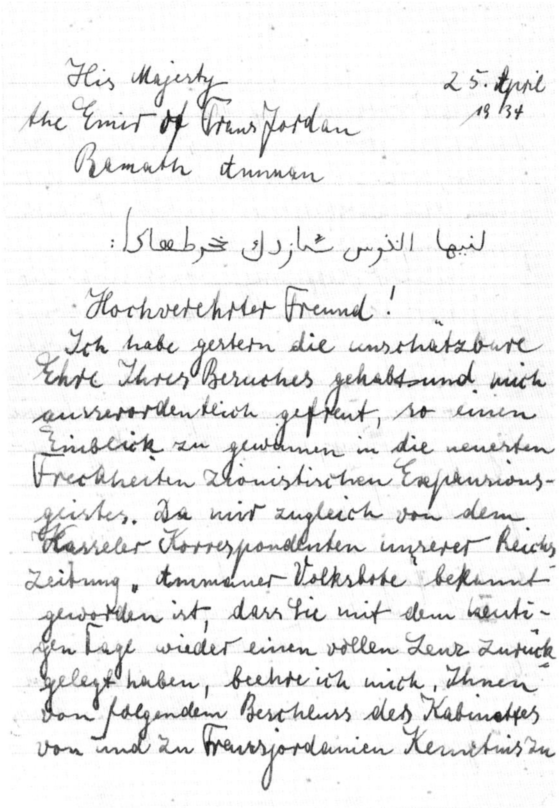
His Majesty
the Emir of Trans Jordan
Remath Ammen

25. April 1934

[illegible]:

Hochverehrter Freund!

Ich habe gestern die unschätzbare Ehre Ihres Besuches gehabt und mich ausserordentlich gefreut, so einen Einblick zu gewinnen in die neuesten Frechheiten zionistischen Expansionsgeistes. Da mir zugleich von dem Kasseler Korrespondenten unserer Reichszeitung, Ammaner Volksbote bekannt geworden ist, dass Sie mit dem heutigen Tage wieder einen vollen Lenz zurück gelegt haben, beehre ich mich, Ihnen von folgendem Beschluss des Kabinettes von und zu Transjordanien Kenntnis zu

Der kleine Aprilscherz von Sohn Ernst vom 1. April 1934

Beschließt die Regierung seiner Hoheit Folgendes:
I. Herr H. Mosbacher wird zum Generalkonsul Trans-Jordaniens in beiden Hessen ernannt. Diese Ernennung schließt die Verleihung des Staatsbürgerrechtes in sich.
II. Zum Zeichen seiner Würde und als schlüssigen Beweis dessen, dass Herr H. Mosbacher leibhaftig hier gewesen ist, lassen wir ihm durch unseren Vertreter eine echt seidene Kefije, die als Erbstück aus Mohammeds Zeiten eine große Kostbarkeit darstellt, überreichen.
Gez.
(Siegel der Regierung)
Unterschriften

Wieder eine Zeile arabisch und dann:

Allah segne Dich
Heil Hitler
Abd Allah

Wahrscheinlich hat er von Ernst zum Geburtstag auch eine echte Kefije zusammen mit diesem Text bekommen. Heute verwundert uns nicht nur der ironische Umgang mit dem Zionismus – „die neuesten Frechheiten des zionistischen Expansionsgeistes“ –, sondern auch die Sprache, die wir heute von den Feinden Israels hören. Was mit dem „Heil Hitler“ gemeint ist, bleibt ein Geheimnis; ob der Schreiber damit auf die zeitweilige Bewunderung arabischer Machthaber für Hitler anspielen möchte, oder ob eine andere Ironie damit impliziert ist, können wir nicht mehr beurteilen. Auf jeden Fall ist es ein verwunderliches „Dokument“, das von einer erstaunlichen Unbeschwertheit im Umgang mit politischen Bedrohungen zeugt.

Eigentlich sollte die Reise eine Besuchs- und Touristenreise sein, aber durch viele Gespräche mit Verwandten und Freunden, die alle versuchten, Hans Mosbacher klar zu machen, wie gut es sich im Lande leben lässt, dass es in Deutschland keine Zukunft für Juden mehr gäbe, ebenso wie seine Begeisterung für das unbeschwerte, informelle Leben dort, haben ihn dann doch veranlasst, sich nach Möglichkeiten der Wollproduktion zu erkundigen. Am 4. April schreibt er nach Hause:

Hier könnt ich rein persönlich bleiben, das Land und die Menschen liegen mir. – Trotz aller Umstellung in vielem, die nötig wäre aber ob wirtschaftliche Möglichkeiten sind, kann ich noch nicht beurteilen.

Am 9. April geht er mit Ernst ins Verwaltungshaus der „Jüdischen Regierung“ und versucht dort, geschäftliche Informationen zu erhalten. Diese Erkundungen scheinen nicht sehr fruchtbar gewesen zu sein, denn am 16. April hat er erneut eine Unterredung in der Industrie- und Handelsabteilung der „Jewish Agency“ und schreibt, dass es *„eine sehr interessante Unterredung“* gewesen und er wohl endlich an die richtige Stelle gekommen sei. Mit einem Vertreter der Jewish Agency wird er nach Transjordanien reisen, um sich auch dort nach Geschäftsmöglichkeiten zu erkundigen. Über die Reise nach Transjordanien gibt es keinerlei Unterlagen mehr. Wir wissen nur, dass sie stattgefunden hat, und dass er sogar bis nach Damaskus gefahren ist.

Als Hans Mosbacher dann von seiner langen Reise in den Nahen Osten nach Kassel zurückkehrte, berichtete er seiner Familie begeistert von den Menschen, von der Landschaft und vom schlichten Leben. Auf den fünfjährigen Hans Bernhard, machte die Erscheinung und Begeisterung seines Vaters bei der Rückkehr großen Eindruck:

> *Er kam sehr begeistert aus Palästina zurück und hatte innerlich beschlossen, dorthin auszuwandern, obwohl er kein Zionist war, die Zionistin war Aenne, meine Mutter. Braungebrannt und gut gelaunt kehrte er zurück. Ein wunderbares Land, da müssen wir hin.*

Braungebrannt, das war in den 30er Jahren, lange vor der Erfindung der Sonnenstudios, noch eine Seltenheit. Und in Zeiten, in denen jüdisches Leben in Deutschland immer schwieriger und gedämpfter wurde, hatte des Vaters gesunde Erscheinung und seine zuversichtliche positive Zukunftsvision etwas Heroisches für den kleinen Sohn.

Obwohl Aenne Mosbacher von der Idee des Zionismus begeistert war, sie engagierte sich in der Blau-Weiß-Studentenbewegung und bei der WIZO,[61] blieb ihr Zionismus theoretisch und intellektuell. Sie konnte sich zu nichts entschließen, am wenigsten zur Auswanderung, zauderte, bedachte stets das Für und Wider, und so sah sie Schwierigkeiten im Voraus, ehe sie auftauchten. Der Vater dagegen, der von allem ein bisschen wusste, nichts gründlich erforschte und somit die Probleme leicht übersehen konnte, war schnell begeisterungsfähig und konnte leichthin sagen: *„Da müssen wir hin"*. Konsequenzen bedachte er nie, Probleme löste er, wenn sie auftauchten, aber nicht vorher. Sein Blick auf das Land war gespeist durch zahllose Reiseberichte, die Erzählungen des Lawrence von Arabien, literarische Beispiele, Musik und Malerei, die alle eine völlig unpolitische Verklärung des Orients beinhalteten.

Im Hause Mosbacher und mit befreundeten Familien drehten sich die Gespräche ab 1933 immer wieder um Zionismus und Auswanderung, aber der endgültige Entschluss dazu wurde bei vielen, wie auch bei Hans Mosbacher, immer wieder aufgeschoben.

Obwohl er innerlich beschlossen hatte, auszuwandern, feierte er 1935 das 50-jährige Firmenjubiläum in großem Stil. Die Photographie der Jubiläumsfeier zeigt die Belegschaft der Firma Mosbacher und zeugt vom Selbstbewusstsein eines deutschen Kaufmanns. Wie ist dieses Bild mit der Reise nach Palästina und dem Beschluss, dorthin auszuwandern, zu ver-

Die Belegschaft der Wollwäscherei Mosbacher AG zum 50-jährigen Firmenjubiläum 1935. In der Bildmitte Clara Mosbacher (geb. Gotthelft), rechts dahinter (mit Schnurrbart) Hans Mosbacher, links hinter Clara steht Fritz Mosbacher (mit Glatze), ganz rechts in dieser Reihe Aenne Mosbacher (mit dunklen Haaren). Der kleine Junge im Vordergrund (3. v. r.) ist Benyamin Maoz.

einbaren? Gab es Vorbereitungen für eine Firmenübergabe oder den Verkauf des Betriebes? Das Porträt scheint nicht darauf hinzudeuten. Es deutet eher auf die Hoffnung hin, diese Firma weitere 50 Jahre zu betreiben. Paradoxerweise scheinen der Entschluss, nach Palästina auszuwandern, und der Entschluss, in Deutschland weiterhin zu leben und zu arbeiten, gleichzeitig bestanden zu haben, ohne sich gegenseitig zu behindern. Irgendwann mal würde man auswandern, aber im Moment ging es einem ja doch ganz gut, und so blieb man hier. Diese zwei völlig entgegengesetzten Ziele scheinen eher eine entlastende Funktion gehabt zu haben.

Im Februar 1936 reiste Aenne Mosbacher mit dem sechs Jahre alten Sohn, Hans Bernhard, mit dem jüdischen Schiff *Tel Aviv* nach Palästina. Die *Tel Aviv* war der erste jüdische Dampfer, der Touristen und Auswanderer nach Palästina brachte.[62] Der äußere Anlass war der 70. Geburtstag ihres Vaters, Moritz Rosenberg. Aennes Eltern waren ja bereits 1935 zu ihrer Schwester und deren Mann, Liese und Ernst Plaut, nach Palästina ausgewandert. Die beiden besuchten Ernst und seine erste Frau Ilse, die inzwischen im „zeitlichen Lager“ des Kibbuz Hazorea lebten. Ernst Mosbacher hieß später Eliyahu Maoz (im Hebräischen bedeutet Maoz „Festung“ oder „Bastion“). In Jerusalem besuchten Mutter und Sohn Walter und Lilo Katz aus Kassel.[63] Agnes Oppenheim-Eisenstadt besuchten sie im Kinderdorf Ben-Shemen und schließlich die Hallos in Tel Aviv. Überraschenderweise war Aenne Mosbacher, im Gegensatz zu ihrem Mann, vor allem von dem religiösen Leben im Land begeistert. Es war die freie Entfaltung jüdischer Traditionen und deren religiöser Ausdruck, die Aenne beeindruckten. Wunderte sich Hans Mosbacher noch darüber, dass der Sonntag in Jerusalem unbemerkt blieb, so erfreute Aenne sich umso mehr an diesem Zeichen jüdischer öffentlicher Präsenz. Sie sah etwas für sie ganz Neues, nämlich eine jüdische Selbstsicherheit, die ihr in Deutschland so noch nicht begegnet war. Da es keine Briefe oder andere schriftlichen Zeugnisse der Mutter gibt, wissen wir nicht viel mehr von dieser Reise, aber eine Vorbereitungsreise für die Auswanderung war es jedenfalls nicht. Auf dem Rückweg trafen Mutter und Sohn den Vater in Mailand und machten drei Wochen lang wunderschöne Ferien am Comer See. Benyamin schreibt:

> *Das war typisch für Hans Mosbacher und Aenne. Sie sind immer gerne gereist und haben schöne Ferien verbracht.*

So als ob in Deutschland die Machtübernahme der Nationalsozialisten nie stattgefunden hätte, wird ihre gewalttätige Rhetorik einfach ausgeblendet und von der persönlichen Wirklichkeit abgespalten. Neben der bedrohlichen politischen Realität gibt es eben die private, die der Ferien, des gewohnten angenehmen Lebens in Europa, eine gewisse Form von Luxus, den beide, bei aller Begeisterung für Palästina, nicht so schnell aufgeben wollten.

Die Familie kehrte nach Kassel zurück und setzte das gewohnte Leben fort. 1934 nahm keine deutsche Grundschule mehr jüdische Schüler auf, und so wurde Hans Bernhard in die jüdische Volksschule in der Kleinen Rosenstraße eingeschult. Er war ein eher ängstliches Kind, musste aber den weiten Weg von der Sophien- bis in die Kleine Rosenstraße jeden Morgen und Mittag alleine zu Fuß oder mit der Straßenbahn zurücklegen. Auf diesem Weg wurde er oft angepöbelt und als Jude beschimpft. Die Angst, die er da verspürte, war eine ganz andere, als die üblichen Kinderängste vor Dunkelheit oder Gespenstern. Diese Gespenster waren real.

Hans Mosbacher reagierte auf die immer judenfeindlicher werdende Umwelt und die Hetz-Rhetorik der Nationalsozialisten mit einem bewussten offenen Bekenntnis zum Judentum. Er, der in unbedrohten Zeiten eher ein religionsferner Mensch war – Benyamin beschreibt ihn als einen Mann, der nach der „Ethik des Humanismus" lebte und wenig Bezug zum Judentum als Religion hatte – engagierte sich jetzt in der jüdischen Gemeinde. Er wurde in den Gemeindeältestenrat gewählt und bekannte sich öffentlich zu seinem Judentum. Seit seiner Palästinareise interessierte er sich immer stärker für jüdische Geschichte und verband dieses Interesse mit der Arbeit in der Gemeinde.

Anfang 1937 wurde die Sinai Loge in Kassel aufgelöst. Die Gestapo verhaftete den ganzen Vorstand, und alle Vorstandsmitglieder wurden ins Polizeigefängnis gebracht. Benyamin erinnert sich:

Morgens früh um sieben hat es geklopft, da kam die Gestapo und hat den Vater geholt. Wir wussten nicht warum. Meine Mutter wollten sie auch holen, aber da ich da war, haben sie uns in die Küche eingesperrt und die Bibliothek durchsucht. Und haben alles mitgenommen, was mit Judentum und Kommunismus zu tun hatte. Auch alle Werke von Thomas Mann wurden konfisziert. Später wurde alles verbrannt. Sie waren aber noch ganz freundlich. Nach einem Tag haben wir gehört, dass die ganzen Leute von dem Vorstand der Loge verhaftet wurden. Da hat er gesessen allein in einer dunklen Zelle und wusste gar nicht, warum er festgenommen wurde. Da hat er fürchterliche Ängste gehabt, das war ein Alptraum bis ans Ende seines Lebens. Dann wurde die Zelle aufgemacht, und er wurde in eine Gemeinschaftszelle gebracht. Da sah er, da sind ja alle Leute von der Loge. Und da ging's schon wieder. Da waren sie beisammen, es gab etwas zu essen, da hat er schon wieder seine Witzchen gemacht über den kleinen Levy, die hatten das Geschäft „Die Dame" neben dem Rathaus in Richtung Friedrichsplatz. Da gab es wieder Rang und Stand, und da ging es. Nach einem Tag haben sie sie wieder freigelassen. Das war aber die Motivation: So, jetzt müssen wir weg.

Die Verwandten, Franz und Gertrud Wallach, sie war Geschäftsführerin der Frauengruppe und er im Vorstand der Loge, wurden ebenfalls, wie die anderen Mitglieder der Loge, verhaftet.[64] Die Männer des Vorstands mussten die Auflösungsanordnung unterschreiben, das Vermögen der Loge wurde geprüft. Die Frauen wurden noch am gleichen Tag entlassen, die Männer am nächsten. Keinem war etwas geschehen, aber für Hans Mosbacher war diese Verhaftung ein Trauma. Früh morgens verhaftet zu werden, der Willkür der Gestapo ausgesetzt zu sein und die bleibende Angst, wegen eines falschen Wortes oder gar Blickes jeder Zeit wieder verhaftet zu werden, reichten, um sich zu entschließen, nach Palästina auszuwandern. Trotz aller früheren Warnzeichen musste erst ein solcher Schock kommen, um Hans Mosbacher zu überzeugen, dass er Deutschland verlassen müsse. Die jüdische Bevölkerung Kassels begann, sich aufzulösen. Viele wanderten aus. Hans Mosbachers Bruder Fritz und seine Familie gingen nach Australien, Franz und Gertrud Wallach nach Palästina, andere in die Schweiz oder nach Schweden, wie der enge Freund der Familie Mosbacher, Rechtsanwalt David Goldschmidt und seine Familie.[65] Die Stimmung unter den Freunden und Verwandten war sehr angespannt, und Benyamin erinnert sich, dass die Eltern nach jeder Radiorede Hitlers, der sie immer aufmerksam zuhörten, besonders nervös und reizbar waren. Die Bürgerrechte wurden immer stärker eingeschränkt, es gab nur noch wenige Restaurants, in denen Juden essen konnten, oder Räume, in denen sie sich versammeln durften. Es war Zeit, Kassel zu verlassen.

Auswanderung – Palästina

Hans und Aenne Mosbacher bereiteten die Auswanderung sorgfältig vor. Pässe, eine Ausreisegenehmigung und weitere Papiere wurden beantragt, eine Schiffspassage im jüdischen Reisebüro bei Georg Rosenzweig gebucht, und der Verkauf der Wollwäscherei in die Wege geleitet. Die näheren Umstände des Firmenverkaufs liegen im Dunkeln. Benyamin weiß nur, dass Hans Mosbacher einen für die damaligen Umstände akzeptablen, wenn auch unter dem Firmenwert liegenden, Preis aushandeln konnte. Er war noch nicht gezwungen, den Erlös auf ein Sperrkonto zu deponieren, sondern konnte das Geld nach Palästina mitnehmen. All diese Vorbereitungen waren begleitet von Ängsten: Würden die Pässe und die nötigen Papiere noch rechtzeitig kommen, würde er nochmals von der Gestapo vorgeladen werden, oder würden weitere Gesetzeserlasse eine Auswanderung unmöglich machen? Die ungewissen Ängste wurden begleitet von einem konkreten Anlass. Hans Mosbacher hatte nämlich in dieser Zeit einen Witz über die Nazis erzählt, vielleicht über Adolf Hitler oder über Roland Freisler, jedenfalls erzählte sein Neffe, Werner Breiding, den Witz weiter und antwortete auf die Frage, woher er ihn habe, mit: *„von meinem Onkel Hans Mosbacher"*. *„Den Witz habe ich vergessen"*, so Benyamin, *„die Angst aber, die weiß ich noch genau."* Es war vielleicht das einzige Mal, dass Hans Mosbacher wegen eines Witzes Angst hatte und fürchten musste, dass ihm das Talent, womit er sein Leben bis dahin so glänzend gemeistert hatte, auf das er sich immer verlassen konnte, zum Verhängnis werden könnte. Es passierte aber nichts, und die Familie Mosbacher konnte weiter in aller Legalität die Auswanderung vorantreiben.

Die erforderlichen Papiere kamen rechtzeitig, und der Haushalt in der Sophienstraße 5 wurde aufgelöst. Während der letzten hektischen Wochen wurde Benyamin in eine jüdische Kinderpension nach Frankfurt geschickt, die Gertrud Hallo leitete. Aenne und Hans Mosbacher hatten auf ihren Reisen nach Palästina sehr wohl gesehen, dass die großen, schweren, deutschen Möbel in Palästina nie in die kleinen Wohnungen passen würden. Kurzentschlossen verkauften sie die alten Möbel, kauften neue, kleinere und leichtere und füllten einen „Lift" mit den neuen Möbeln, Kleidern, Geschirr, Tischwäsche und allem, was man aus Deutschland noch gewohnt war, und zum Leben brauchte, oder besser gesagt, meinte zu brauchen. Auch die Bibliothek wurde in den „Lift" eingepackt. Wer kennt heute noch das Wort „Lift"? Es hat den Emigrantenklang, wie das Wort „Affidavit", beides

Wörter aus den 30er Jahren. Die einschlägigen Wörterbücher geben nur die Erklärung: „Engl. für Fahrstuhl". War das Wort „Lift", das mir von meiner eigenen Familie bekannt ist, und dem man noch heute bei vielen Emigranten in Israel begegnet, ein Begriff, den nur jüdische Emigranten benutzten? Es ruft auf jeden Fall sofort die Bilder jüdischer Auswanderer mit ihren rührend europäischen Kleidern, Hüten, schweren Mänteln ins Gedächtnis, wie sie in New York oder Haifa verloren am Kai stehen. Keiner sieht glücklich aus auf diesen Bildern. Mosbachers Emigration jedoch verlief, trotz des Wortes „Lift", ganz anders, als diese bekannten Bilder in unseren Köpfen. Die Wohnung in der Sophienstraße wurde an die Eltern von Erni Vogel, das Ehepaar Kaufmann, vermietet. Im Sommer, es wird im Juli gewesen sein, war die Familie Mosbacher dann bereit, Kassel auf immer zu verlassen. Die Großmutter, Clara Mosbacher, und ihre Schwester Paula Wertheim blieben in Kassel zurück. Beide wurden fünf Jahre später, mit dem letzten Massentransport aus Kassel, am 7. September 1942 in das Konzentrationslager Theresienstadt deportiert. *„Wer konnte damals wissen, dass auch die alten Leute ermordet werden? Der Abschied von meiner Großmutter und von Tante Lotte war furchtbar schwer. Man hat schon geahnt, man sieht sich nie wieder. Meine Mutter hat das geahnt und hat im Zug lange geweint."*

Die Familie verließ Kassel nicht gemeinsam. Hans Mosbacher war schon voraus gefahren und zwar nach England, um dort seine Tochter Martha zu besuchen. Aenne und Hans Bernhard sind dann gemeinsam von Kassel nach Basel gefahren und haben dort auf den Vater gewartet. Obwohl beide nun endlich im Zug saßen und auf dem Weg nach Palästina waren, ließ die Angst vor willkürlichen Schikanen während der ganzen Fahrt nicht nach. Aenne Mosbacher fürchtete, bei einer der zahlreichen Kontrollen im Zug doch nicht die richtigen Papiere dabei zu haben, oder einfach grundlos aus dem Zug verwiesen zu werden, schließlich stand in beiden Pässen, für alle deutlich sichtbar, das schwarze „J" für Jude, auch konnte es sein, dass man ihnen an der Grenze die Ausreise doch noch verweigerte. Begleitet von ständiger Angst fuhr Aenne Mosbacher das letzte Mal durch Deutschland.

> *Der entscheidende Punkt war, dass wir am Badischen Bahnhof ankamen und zu Fuß die Grenze in die Schweiz überqueren mussten, um am Schweizer Bahnhof wieder in den Zug zu steigen ... Wir zitterten vor Angst, ob die einen uns raus- und die anderen uns reinlassen würden? Es gelang. Wir waren in der Schweiz. Da konnten wir plötzlich wieder atmen.*

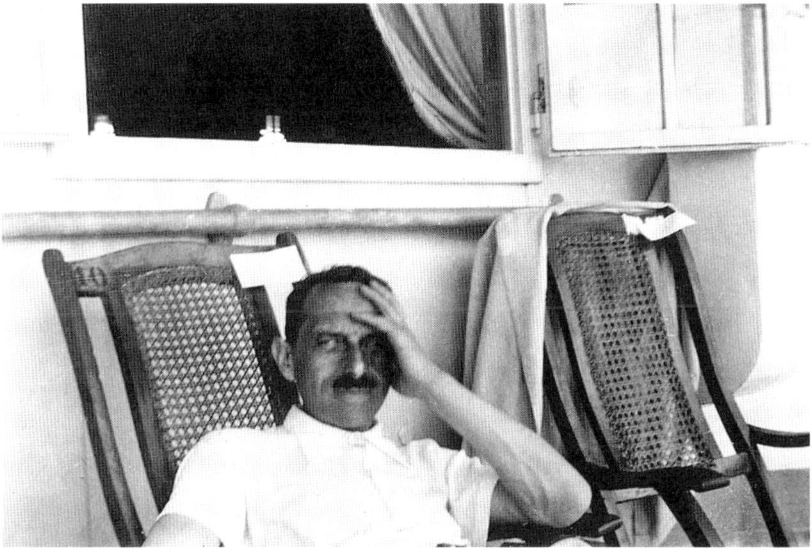

Hans Mosbacher auf dem Dampfer „Palestina" auf dem Weg nach Palästina im Jahr 1937

Von Basel, wo sie den Vater wieder trafen, fuhren sie nach Triest, und bestiegen dort den italienischen Dampfer „Palestina".[66] Nur drei Monate später kehrte Adolf Eichmann auf dem gleichen Schiff von seiner Reise nach Palästina und Ägypten zurück.[67] Obwohl Hans Mosbacher und seine Familie Europa nicht freiwillig verließen, waren sie stolz darauf, dass sie diese Reise auf einem jüdischen Dampfer machen konnten. *„Es war für uns ein schönes und modernes Schiff",* wie Benyamin sich erinnert. Der „Lift" mit den Möbeln, den Damasttischtüchern, dem Tafelsilber und dem Rosenthal-Porzellan, kurzum all den Insignien der wohlhabenden Bürgerschicht, begleitete sie. Trotz der erheblichen, seit 1934 gültigen, Einschränkungen über die Mitnahme von Barbeträgen und Umzugsgut konnten Mosbachers noch ihren gesamten Hausstand mitnehmen. Bis 1939 lag es nämlich noch im Interesse der Nationalsozialisten, dass Juden auswanderten, so dass die Behinderungen relativ gering waren und vor allem aus willkürlichen Schikanen und Einschüchterungsversuchen bestanden. Die Überfahrt war fast eine Erholung nach den Ängsten und Strapazen der letzten Monate. Im Hafen von Haifa erwarteten sie Ernst Mosbacher, Liese Plaut und Ludwig Katzenstein. Der Hafen war noch nicht ausgebaut, so dass die Schiffe alle im Meer ankerten und arabische Boote, bemannt mit starken Bootsleuten, die Passagiere von den Schiffen abholten und in kleinen wackeligen Booten mitsamt ihrer

Habe an Land brachten. Der 7-jährige Hans Bernhard beobachtete das muntere Treiben in einem belebten orientalischen Hafen voller Staunen. Aber konkrete Erinnerungen hat der nun 70-jährige Benyamin nicht mehr, dafür aber seine Cousine, Hilde Wallach.

Der Hafen von Haifa bei der Ankunft der Mosbachers. Oben rechts auf dem Bild ist vermerkt: „Der Hafen und der neue Bahnhof. Die Schiffe stehen am Wellenbrecher, weil das Wasser am Kai nicht tief genug ist."

Darum treffe ich mich mit Hilde und Benyamin auf der Terrasse eines Strandcafés in Tel Aviv. Draußen heulen Sirenen, der Großstadtverkehr macht das Zuhören etwas mühsam, aber Hilde erzählt animiert und ohne Unterbrechung von ihrer eigenen Ankunft in Jaffa im Jahre 1934.

Als wir ins Land kamen, wurden wir ausgebootet, das heißt ein kleines Boot, so wie Nussschalen waren diese Boote, ziemlich wackelig, holte uns von dem großen Schiff ab. Und in Kassel hatte schon meine Oma zu mir gesagt: „Wisst Ihr, wo Ihr hinfahrt? Da gibt es nur Araber, und die nehmen kleine Kinder und stecken sie da hinten in ihren Sack und verschleppen sie. Sag' Deinen Eltern, das Du nicht nach Palästina willst." Aber ich hatte trotzdem keine Angst. Wir kamen in Jaffa an, und da gab es vom Schiff so eine Hühnerleiter hinunter in das kleine Boot. Da kam ein Araber, denn die wollten doch so schnell und so viele wie möglich mit dem komischen Nussboot hin- und herfahren. Aber meine Mutter ging sehr langsam die komische Treppe hinunter, sie war ziemlich dick und hatte noch meinen Bruder und mich an der Hand. Und der Araber wollte schnell machen, er hat mich dann einfach gepackt und irgendwo noch so ein kleines Kind von vier oder fünf Jahren und setzte mich ins Boot und rannte weiter, um die nächsten zu holen. Na, das war der Anfang von meinem Palästina.[68]

Trotz der Oma-Geschichte vom bösen kinderraubenden Mann scheint das Kind keine Angst vor dem fremden Araber gehabt zu haben, jedenfalls gehört Angst nicht in ihr Narrativ eines positiven Neuanfangs weit weg von Deutschland und der Bedrohung. Der Sack, so erklären Benyamin und Hilde mir gleichzeitig, war Teil der arabischen Kleidung der damaligen Zeit. Beide sind sich nicht einig, ob der Sack ein Teil der Hosen war, oder wirklich ein Sack auf dem Rücken. Zwei Erklärungen bekomme ich zu hören.

Benyamins Erklärung:

Damals sagte man [damit waren wohl Europäer gemeint], wenn der Prophet noch einmal auf die Welt käme, würde er in diesen Sack fallen.

und Hildes Erklärung:

... Mir sagte man, dass die Araber auf dem Rücken einen Sack hätten, so wie der Nikolaus, das war ja der Böse, wie der böse Schwarze Peter, die Araber würden dann die Kinder in diesem Sack wegnehmen.

Vergnüglich verlieren sich Benyamin und Hilde, beide linke Israelis, in den Geschichten und Mythen ihrer Kindheit und trennen diese vollkommen von ihrem heutigen Bewusstsein und ihrer Einschätzung der politischen Lage. Zum Paradies einer Kindheit in den 30er Jahren in Deutschland gehörte das Böse, d. h. der böse Schwarze Mann. In neuem Gewand, dem des bösen Arabers mit seinem Sack für kleine europäische Kinder, taucht er wieder auf in den Mythen jüdischer Flüchtlingskinder, die vor den Nazihorden nach Palästina flohen.

In Haifa warteten die Verwandten, die Freunde und das legendäre „Beit HaGadol" (das große Haus), in dem Käthe Katzenstein schon seit einem Jahr wohnte, und von dem sie begeistert an Hans Mosbacher nach Kassel geschrieben hatte:

> *Ich sitze hier in einem großen Haus, in einer Gegend, die heißt „Ge'ulah", [Ge'ulah heißt Erlösung] unter dem blauen Himmel dieser himmlischen Stadt Haifa. Ihr müsst hierher kommen.*

Hans Mosbacher zog gleich nach der Ankunft zu Katzensteins ins „Beit HaGadol", während die Mutter zu den Großeltern Rosenberg in Rehovot zog, und Hans Bernhard drei Wochen bei dem älteren Bruder Ernst im Kibbutz Hazorea blieb, wo er die ersten Sprachkenntnisse erwarb. Die Trennung der Familie dauerte solange, bis endlich eine Wohnung im Parterre des Hauses frei wurde. Das Haus hatte fünf separate Eingänge, drei vorne und zwei an der Seite. Das Besondere und Sehenswerte am „Beit HaGadol" war, dass jeder Eingang einen Fahrstuhl hatte, und die Leute extra einen Umweg machten, um diese „moderne Einrichtung" zu besichtigen. Die Wohnung der Mosbachers war nach unseren heutigen Maßstäben klein: drei Zimmer, Küche, Bad. Die Miete von sieben Pfund im Monat konnten sich zu der Zeit nur Wenige in Haifa leisten. Hans Mosbacher mietete sie und wohnte dort bis an sein Lebensende. Unter den deutschen Immigranten war das „Beit HaGadol" bekannt als das „Kasseler Haus". Fünf Kasseler Familien wohnten hier: Käthe und Ludwig Katzenstein, Karl Katzenstein, Franz und Gertrud Wallach, Robert und Lotte Hess und jetzt Mosbachers. Robert Hess und seine Familie (früher Herkulesstraße) wohnten zwar in dem Haus, zählten aber nur halb dazu, denn sie waren keine echten Kasseläner, sondern zugezogene Kasselaner. Auch in Haifa blieben sie noch die Zugezogenen. Die Kasseler Juden haben ihr soziales Verhalten, ihre Abgrenzungen und Begrenzungen nach Haifa mitgenommen und behalten. Die Ostjuden, die weniger wohlhabenden Juden und die Arbeiter wohnten im Osten Kassels, in der Schiller- oder der Mönchebergstraße, und mit denen hatten die Juden aus dem Vorderen Westen keinen Kontakt. Diese Abgrenzung behielten sie auch in Haifa bei und sprachen immer noch von den Juden aus der Schillerstraße und den Zugezogenen, mit denen sie keinen Kontakt hatten oder haben wollten.

In Haifa fühlte sich Hans Mosbacher sofort zu Hause. Sehr schnell bemühte er sich, geschäftlich wieder Fuß zu fassen, und richtete sich in der kleinen neuen Wohnung ein Büro ein, von wo aus er Kontakte zu eventuellen Partnern aufnahm, und sich bemühte, die Wollwäscherei den nahöstlichen Gegebenheiten anzupassen. Trotz der ungewohnten Temperaturen erkundete er die Stadt zu Fuß, trank Kaffee mit den arabischen Händlern, und obwohl sie keine gemeinsame Sprache hatten, verständigte er sich mit Gesten und Mimik. So konnte er viel Nützliches über die Gewohnheiten und Bedürfnisse der neuen Umgebung lernen, was er später für seine geschäftlichen Belange nutzen konnte. Oft begleitete ihn der Sohn, jetzt nicht mehr Hans Bernhard, sondern Benyamin. Auf einem dieser Erkundungsgänge zeigte der Vater auf die Gullis in der Straße und sagte: *„Siehst du, wie die Stadt Haifa mich willkommen heißt. Überall steht in großen Buchstaben H. M. – Hans Mosbacher. Ist das nicht wunderbar?“* Der kleine Junge glaubte dem Vater, bis er erfuhr, dass H. M. für „Haifa Municipality“ stand.

In dem neuen Haus bearbeitete Hans Mosbacher den Garten und machte es sich zum eisernen Gesetz, keine vorgezogenen Pflanzen zu kaufen – das sei ja kein Kunststück –, nein, er bestand darauf, die Pflanzen im Garten des „Kasseler Hauses“ entweder aus Samen oder aus Ablegern, die er auf seinen Spaziergängen am Wegrand sammelte, zu ziehen. Er war sehr sparsam, unter den deutschen Einwanderern sprach man sogar von der „Kasseler Sparsamkeit“. Die gesammelten Ableger setzte er in den Garten und wählte solche, die möglichst wenig Wasser brauchten, denn er wollte sich dem Land Palästina und den dortigen Gegebenheiten anpassen. Mussten sie aber doch bewässert werden, dann nahm er nur das schon gebrauchte Haushaltswasser. Dass Wasser in Palästina ein kostbares Gut ist, das hatte Hans Mosbacher sehr schnell verstanden. Er liebte die aride Natur und trauerte den saftigen grünen Wiesen Deutschlands keinen Moment lang nach. Nie versuchte er, einen „deutschen Garten“ anzulegen, nein, er wollte einen israelischen haben. Sein Deutschland war in den Worten, in den Büchern, in der Erinnerung, aber er versuchte nicht, es wieder in der neuen Umwelt auferstehen zu lassen.

Die Großeltern Rosenberg hatten bei der Flucht aus Deutschland ihr gesamtes Vermögen verloren und besaßen keinen Pfennig mehr. 1938 hatten sie ihr gesamtes restliches Vermögen aufgebraucht und konnten ihre Wohnung in Rehovot nicht mehr bezahlen, so zogen sie zur Tochter ins „Kasseler Haus“. Die kleine Drei-Zimmer Wohnung war nun so beengt, dass Hans Mosbacher die Geschäftsräume seiner neu gegründeten Palestine Wool Co. in die Nähe des Hafens verlegte und die Großeltern Rosenberg in dem freigewordenen Zimmer bis an ihr Lebensende wohnten. Hans Mosbacher unterstützte sie finanziell. Benyamin erinnert sich, wie seine Großmutter, einst eine feine Dame, seinen Vater um ein paar Münzen bat, wenn sie

Briefpapier oder einen Bleistift brauchte. Er gab sie ihr ganz selbstverständlich, dennoch war es eine peinliche Situation für alle.

Der letzte amtierende Kasseler Landrabbiner Robert Raphael Geis

Manchmal kam ein weiterer Logiergast, Robert Raphael Geis, der letzte amtierende Kasseler Landrabbiner, und blieb oft monatelang in der kleinen Wohnung. Die Großeltern bewohnten ein Zimmer, das ehemalige Büro, das Wohnzimmer war gleichzeitig das Schlafzimmer der Eltern, jeden Abend holten sie ihre Decken und Laken aus dem Schrank und breiteten sie zum Schlafen auf der Wohnzimmercouch aus; Benyamin hatte sein eigenes Zimmer, das er aber dann über Monate hinweg mit Robert Raphael Geis teilen musste.

Sehr bald wurde das Leben in der kleinen Wohnung bestimmt von der Entscheidung, einen Mittagstisch aufzumachen. Gertrud und Franz Wallach, die mit ihrem Sohn Heinz-Peter in dem Haus wohnten und beide berufstätig waren, berieten mit Mosbachers, wie sie das Problem der Mahlzeiten am besten lösen könnten. Es wurde beschlossen, dass die Familie Mosbacher sich darum kümmern und zwei Mahlzeiten, mittags und abends, für beide Familien vorbereiten würde, die dann alle bei Mosbachers gemeinsam einnehmen könnten. Die Kosten würden geteilt werden, und darüber hinaus würde Franz Wallach den beiden Köchinnen einen kleinen Betrag für ihre Arbeit zahlen. Ein solches Arrangement würde nicht nur billiger, sondern auch viel unterhaltsamer für alle sein. Aenne Mosbacher, die damals nicht berufstätig war, und ihre Mutter übernahmen das Kochen, der Großvater Rosenberg den Einkauf und das Tischdecken. Moritz Rosenberg sprach kein Hebräisch, aber in den 30er Jahren konnte man in Haifa noch überall seine Einkäufe auf Deutsch erledigen, und so zog er jeden morgen mit Taschen, Körben und dem Einkaufszettel zu den Händlern und kaufte ein. Für Großmutter Rosenberg war dieser Mittagstisch eine besondere Herausforderung, denn sie konnte gar nicht kochen, in Eschwege hatte sie immer eine Köchin gehabt, aber hier in Palästina übernahm sie bereitwillig die „niederen Arbeiten“ in der Küche; sie schnitt die Zwiebeln, würfelte die Paprika und die Zucchini, freute sich an dem fremden Gemüse und den prächtigen Farben. Die Hauptarbeit und Verantwortung lagen bei Aenne Mosbacher, die sich jeden Tag über ihre Menüplanung den Kopf zerbrach, wie sie mit dem schmalen Etat etwas Schmackhaftes auf den Tisch bringen könnte, das nicht nur der eigenen Familie, sondern auch den drei Wallachs schmecken würde. Sie kochte zwei Mal pro Tag für mindestens neun Personen über Jahre hinweg. Dieses Arrangement blieb bis 1946 bestehen. Am Anfang war es eine ökonomische und praktische Überlegung, die zu diesem „Mittagstisch" führte, am Ende festigte sich die Freundschaft zwischen den beiden Familien, die dank der vielen gemeinsamen Mahlzeiten und Gespräche bald wie eine einzige Familie waren: *„Es war als ob wir eine Familie waren, mit den üblichen Spannungen, die es zwischen Verwandten und Brüdern gibt."*

Beruflich fasste Hans Mosbacher schnell wieder Fuß. Er hatte seine Geschäftsverbindungen aus Kassel mit nach Palästina gebracht und konnte sie auch weiter nutzen. Alles war schon in Kassel geplant worden. In Haifa gründete er zusammen mit Dr. Alfred Fränkel, mit dem er bereits in Deutschland Kontakt aufgenommen hatte, wieder ein Wollgeschäft, die Palestine Wool Co., mit der er sehr bald in die Bank-Str. 5 zog. Mit Alfred Fränkel hatte Hans Mosbacher einen Partner gefunden, der gut Hebräisch konnte, und die beiden Partner ergänzten sich sprachlich ganz wunderbar, der Vater mit Englisch-Französisch und Fränkel mit Hebräisch. So deckten sie die Hauptsprachen des Mittleren Ostens ab, Arabisch fehlte ihnen, aber damals galt die Kolonialsprache noch als Handelssprache. Aber was macht ein Wollgeschäft im heißen Mittleren Osten, wo Wolle nicht für die Bekleidungsindustrie benötigt wird? Eine Wollwäscherei, so stellte sich schnell heraus, war in diesem geographischen Raum unvorstellbar, so haben die Partner ihr Geschäft auf Export-Import umgestellt – Export-Import von Wolle und Haaren. Die Schafe in Palästina wurden und werden auf Milch und Fleisch gezüchtet und nicht auf Wolle, da ihre Wolle viel zu hart ist und nur zur Herstellung von Teppichen geeignet ist. Auf diese Wolle von Schafen und Ziegen hat sich Hans Mosbacher dann spezialisiert und handelte mit Syrien und dem Libanon. Bis zum Zweiten Weltkrieg lief das Geschäft gut, mit Ausbruch des Krieges wurde der Handel streng eingegrenzt und so waren die „goldenen Jahre" 1937 bis 1939 vorbei. Die Firma geriet in finanzielle Schwierigkeiten, so dass Aenne Mosbacher wieder als Röntgenassistentin arbeiten musste. Das Geschäft bestand weiter als kleinerer Betrieb; es konnte aber nie wieder den Stand von vor dem Krieg erreichen. 1955 erhielt Hans Mosbacher eine kleine Wiedergutmachungszahlung für den Zwangsverkauf der Wollwäscherei Mosbacher in Kassel. Ein Teil des Geldes floss als Investition in das Geschäft. Der Betrag reichte aber nicht aus, um große Summen in die Firma zu investieren. Sein Partner Fränkel dagegen erhielt nach dem Krieg seine Wollfabrik in München von einem „anständigen" Angestellten wieder zurück, und konnte so eine beträchtliche Summe in die Firma investieren. Es kam zu Spannungen zwischen den Partnern, aber nicht zur Trennung. Nach dem plötzlichen Tod Alfred Fränkels übernahm sein Sohn Michael das Geschäft und auch er arbeitete weiter mit Hans Mosbacher. Benyamins Kommentar dazu: *„Er hatte verstanden, dass ein alter Mann etwas zu tun haben will."* Mosbacher behielt sein kleines Büro, ging jeden Tag in die Firma und erledigte einige der leichteren Büroarbeiten, konnte aber mit zunehmendem Alter immer weniger in der Firma leisten. Doch durch sein fröhliches, unkompliziertes Gemüt störte er niemanden und so blieb er bis zu seinem 85. Lebensjahr, als Michael Fränkel ihm endlich sagen musste, dass seine Schrift sehr zittrig und damit unleserlich geworden sei. Er schied aus der Firma aus, die er vor mehr als dreißig Jahren gegründet hatte, begleitet von vielen guten Wünschen und lobenden Worten der Kollegen und des alten Partners.

Zurück zum Privaten. Obwohl Mosbacher, seine Freunde und Verwandten jetzt in Palästina lebten, und keiner mit dem Schicksal haderte, sondern sich den äußeren Umständen angepasst hatte, behielten die Bewohner des „Kasseler Hauses" weitgehend ihre deutschen Gewohnheiten bei. Nicht nur, dass bei den Mahlzeiten und untereinander Deutsch gesprochen wurde, auch der obligate „Sonntagsspaziergang" fand weiter statt. Früher Sonntags in Wilhelmshöhe, jetzt am Sabbat auf dem Hausberg Haifas, dem Carmel. Dort trafen sie sich mit Freunden im Café, wie einst in Kassel, tranken Kaffee, aßen Kuchen und redeten über den Krieg, der immer näher kam.

> *In Kassel sind wir jeden Sonntag spazieren gegangen zu irgendeiner Zeche, die gibt es heute nicht mehr. Dort ist man gerodelt, ein bisschen Ski gelaufen oder spazieren gegangen, danach wurde Kaffee getrunken. Das hat man sehr viel gemacht. Und wie wir nach Haifa kamen, sind wir jeden Schabbat auf den Carmel gegangen. Das war eine Fortsetzung von Wilhelmshöhe.*

In Haifa lebten Hans Mosbacher und seine Freunde, zwar materiell und räumlich eingeschränkter als zuvor, aber im Prinzip weitgehend so wie bisher. Die Gewohnheiten und Regeln, die in Kassel das bürgerliche Leben bestimmt hatten, galten weiter in Haifa. Ihre Werteskala orientierte sich an

Kassel. Sie pflegten die deutsche Sprache, Kultur und Traditionen, bis in die zweite Generation hinein. Und so entstanden zwei Parallelwelten – das tägliche Leben in Palästina mit seinen Einschränkungen und Bedingungen und das andere, das alte, das Leben vor Hitler, in Kassel. Hans Mosbacher beherrschte die Luftakrobatik, zufrieden in Palästina zu sein, und glücklich in „Kassel zu bleiben", in einer Welt, die nicht mehr existierte und vielleicht auch nie wirklich existiert hatte. Die Kluft, die dabei entstand, bemerkte er nicht.

Ein Zeichen dieser Kluft zwischen Jetzt und Damals war die Sprache. Er lernte nie Hebräisch, und behauptete immer, er sei zu alt dafür. Schon in Kassel hatte er, als Vorbereitung auf die Auswanderung, Stunden bei dem Lehrer der Gemeinde, Herrn Bacher, genommen, aber da ihm das nötige Interesse für diese Sprache fehlte, machte er auch keine Fortschritte. Zeit seines Lebens behauptete er, dass Hebräisch nicht über die gleichen Nuancen und Ausdrucksmöglichkeiten wie Deutsch, Französisch oder Englisch verfüge. Außerdem habe er es gar nicht nötig, Hebräisch zu sprechen, denn er könne sich in drei Sprachen ausdrücken und so überall verständigen, und wenn das nicht gehe, gäbe es immer noch die Zeichensprache. Warum sich also mit dieser schwierigen Sprache herumplagen? Es gab schließlich die englischsprachige „Palestine Post", die er lesen konnte, um informiert zu sein. Mit den Leuten redete er in den Sprachen, die er konnte, pflegte seinen „palästinensischen" Garten und erfreute sich an der Natur des Landes. Und trotz all seiner innerlichen Widerstände gegen die neue Sprache nahm er brav jeden Morgen das Hebräisch-Buch mit auf die Toilette und studierte dort Grammatik, lernte Vokabeln und übte Lesen, so ausgiebig tat er dies, dass sein Sohn Eliyahu eines Tages bemerkte: *„Vater gibt sich bei der körperlichen Entleerung der geistigen Belehrung hin."*

Die Sprache wollte und konnte er nicht lernen, aber palästinensischer Staatsbürger, das wollte er auf jeden Fall werden. Voraussetzung für die Einbürgerung war eine Sprachprüfung in einer der drei üblichen Landessprachen: Hebräisch, Englisch oder Arabisch. Da Hans Mosbacher von den drei Sprachen nur Englisch beherrschte, erkundigte er sich genau, an welchem Tag ein englischer Beamter die Prüfung abnehmen würde und ging an dem entsprechenden Tag in das Büro der Einwanderungsbehörde. Vorsichtshalber hatte er einen Satz auf Hebräisch auswendig gelernt, falls man ihn fragen würde, warum er kein Hebräisch könne. Dieser Satz lautete: *„Weil ich zu alt und zu dumm bin."* Am besagten Tag war der englische Beamte aber erkrankt, und es war ein Jude da, der die Prüfung auf Hebräisch abnahm. Als dieser Hans Mosbacher fragte, ob er die Prüfung auf Hebräisch machen möchte, rezitierte er seinen Satz. Der Beamte muss ob dieser Antwort so erstaunt gewesen sein, dass er ihm die palästinensische Staatsbürgerschaft sofort mit dem Kommentar verlieh: *„Wunderbar, was willst Du mehr!“*

Viele Neueinwanderer hebräisierten ihre Namen, um nach alter biblischer Tradition einen neuen Lebensabschnitt mit einem neuen Namen zu kennzeichnen.[69] 1943 gab Ernst Mosbacher seinen Posten in Meyers Leihbibliothek auf und ging als Journalist zu der linken Zeitung „Al Hamishmar“, später „Hamischmar“ (Die Wache); hier sah er sich gezwungen, seinen Namen in Eliyahu Maoz zu ändern. Später, als Landwirt und Tierzüchter im Kibbuz Hazorea, dessen Gründungsmitglied er war, betrachtete er die Namensänderung als ein notwendiges Zeichen seines neuen Berufes und seiner Zugehörigkeit zum Land. Des Vaters Kommentar zu diesem Berufswandel: *„Früher Landrabbiner – jetzt Weidenrabbiner.“*

Die Aufgabe des Familiennamens empfand Hans Mosbacher als eine Beleidigung und versteckte seine kleine persönliche Wunde unter einem Wortspiel. Als er seinen Sohn zum ersten Mal als echten Kibbuznik sah, d. h. in verschlissenen, kurzen Hosen, barfuß in Sandalen, unrasiert und ohne Hemd, fragte er ihn: *„Was bedeutet denn Maoz eigentlich?“ „Festung“*, sagte Eliyahu und darauf Hans Mosbacher: *„Na, du siehst mir mehr nach einer Ruine als nach einer Festung aus.“* Unangenehme Situationen oder solche, in denen starke Gefühle – Schmerz oder Freude – ihn bedrohten, zähmte Hans Mosbacher sein Leben lang mit kleinen Witzeleien oder Wortspielen. Die Sprache nahm den Situationen die Schärfe und bedeutete ihm so etwas wie ein Schutzschild vor der Wirklichkeit. Mit Worten konnte er sie bannen und war ihr nicht mehr hilflos ausgeliefert. Bei der Polizeiaktion damals in Kassel, im Jahr 1937, entzauberten seine kleinen Witze die bedrohliche Lage und befreiten die jüdischen Männer der Sinai Loge aus dem passiven Opferstatus. Hans Mosbacher hatte das Glück, nie in eine Situation zu kommen, in der diese Reaktion nicht mehr geholfen hätte.

Die Kluft zwischen Europa und Palästina, die Hans Mosbacher so leicht überbrücken konnte, spürte der kleine Sohn Benyamin umso mehr. Er wollte so wie alle anderen Kinder sein, hatte aber einen Vater, der die Landessprache nicht beherrschte, dessen Manieren nach Diaspora rochen. Dass die Großeltern so waren und kein Hebräisch sprachen, konnte er noch akzeptieren, aber die Eltern, die sollten es doch wenigstens lernen. Wenn der Vater in die Schule zu den Lehrern kam, und der kleine Sohn dolmetschen musste, schämte er sich, und es war ihm peinlich. Auch sein eigenes Hebräisch klang anders als das vieler Kinder, weil zu Hause nur Deutsch gesprochen wurde.

Benyamin behielt bis heute einen deutschen Akzent, der ihm lange peinlich und unangenehm war.

Das Kind merkte auch, dass der Vater vieles im täglichen Leben nicht mehr regeln konnte, und verlor sein grenzenloses Vertrauen in den übermächtigen Vater. Der erschien ihm plötzlich alt, und so, als ob er nicht so recht in die neue Umwelt passte. In der israelischen Welt draußen hatte der Vater seine Autorität und Stärke verloren. Nicht er, wie es bei anderen Kindern üblich war, sondern die Mutter ging schließlich in die Schule und redete mit den Lehrern; sie musste all die kleinen Dinge des täglichen Lebens regeln, sie sprach Hebräisch auf den Ämtern, mit den Arbeitern, mit den anderen Kindern. Sie hatte die Sprache mit mehr Eifer gelernt.

Benyamin beobachtete seine Eltern und ihre Freunde, wie sie, wenn sie sich trafen, Erinnerungen an „damals", Erinnerungen an Deutschland, austauschten. *„Weißt Du noch, wie ..."* war ein oft gehörter Satz. Alles im Land verglichen sie mit „zu Hause" und fanden es immer schlechter als „dort", an dem Ort ihrer Erinnerungen. Weniger der Vater, aber vor allem die Freunde wie Fritz Hallo erinnerten sich gerne an den Ersten Weltkrieg und an ihre „Heldentaten für Deutschland". Sie gründeten einen Klub, um ihr Deutschsein zu pflegen und zu erzählen, wie schön es in Deutschland war. Das Kind ärgerte sich, konnte aber nichts gegen die Welt der Erwachsenen tun, und so war auch Benyamin gezwungen, in zwei Welten zu leben. Er entthronte den Vater, sobald er das Haus verließ, aber sobald er zurückkehrte und die Schwelle des „Kasseler Hauses" überschritt, betrat er die andere Welt, die Welt in der der Vater mächtig, gütig, sehr klug und weise war.

Oft saßen sie nachmittags zusammen und der Vater las gestenreich und mit deklamatorischem Eifer die Dramen von Goethe, Schiller, Kleist und Körner vor, die der Sohn nur halb verstand, und dennoch ahnte er, dass es sich hier um etwas Großes und Bewundernswertes handele. Hans Mosbacher lehrte den Sohn die deutsche und die europäische Literatur lieben, erklärte ihm den Aufbau des klassischen Dramas und schuf damit für den Sohn eine deutsche Welt, die die Kinder auf der Straße nicht verstanden. Allmählich entstand so etwas wie ein Pakt zwischen Vater und Sohn, zwei durch Literatur Verbündete. Eine ambivalente Situation. Auf der einen Seite schämt sich das Kind für einen Vater, der nicht so ist wie alle anderen Väter, auf der anderen Seite findet er die Welt des Vaters anziehend und interessant, etwas ganz Privates, das er mit seinem Vater allein teilt und zu dem keines der Kinder auf der Straße oder in der Schule Zutritt hat.

Als palästinensisch/israelischer Staatsbürger und Geschäftsmann lebte Hans Mosbacher sehr bewusst in dem Land, das er nie wirklich als Exil betrachtete, denn schließlich existierte Kassel parallel dazu weiter. Er verstand es auf die ihm eigene besondere Art und Weise, die beiden Kulturen miteinander zu verweben. Kassel veränderte die palästinensisch/israelische Wirklichkeit und diese wirkte hinein in die Kasseler Welt. Nicht zwei getrennte Welten, sondern zwei sich gegenseitig verändernde Welten waren die, in denen Hans Mosbacher lebte. Ein Beispiel für die sich gegenseitig verändernden Welten ist das Theaterstück, das er zu Käthe Katzensteins 60. Geburtstag schrieb, und das leider verloren gegangen ist. Der Kasseler Herkules ist der Held dieses Stückes, und obwohl von dem Manuskript nur noch der Prolog existiert, erinnert sich Benyamin noch ganz genau an seinen Inhalt.

> *Darin beschwert sich der Herkules, dass es in Kassel langweilig geworden ist, weil alle Juden weg sind. So hat er beschlossen, nach Haifa zu gehen, denn dort sind jetzt die ganzen Juden, die ihm in Kassel so sehr fehlen. Selbst ein Schwälmer Lieschen rannte dem Herkules hinterher und kam ebenfalls nach Haifa. In Haifa trifft Herkules den Propheten Elia, die Hexe von Endor und den Riesen Goliath und lauter so Figuren, die aus der hiesigen Kultur stammen. Es war ein amüsantes Stück, und ich musste als 16-Jähriger in Unterhose plötzlich als Herkules durch einen Papiervorhang treten und auf einer Leiter stehend, meinen Spruch aufsagen. Die Leute fanden das sehr witzig.*

Zu seinem eigenen 70sten Geburtstag verfasste Hans Mosbacher ein Gedicht, das dem berühmten Gedicht Fontanes „Zu meinem Fünfundsiebzigsten“ nachgeahmt ist:

Fontane:
Hundert Briefe sind angekommen
Ich war vor Freude wie benommen

Mosbacher:
Viel Gratulanten sind heut' gekommen
Ich fühl' mich von alledem etwas benommen

Wie Fontane nennt er die Gäste beim Namen, und beide Gedichte enden mit einer optimistischen Note:

Fontane:
Jedem bin ich was gewesen
Alle haben sie mich gelesen
Alle kannten mich lange schon
Und das ist Hauptsache –„Kommen Sie, Cohn!"

Mosbacher:
Dank Euch, dass trotz Rationierung, Devisen
Ihr materiell mir Freundschaft bewiesen
Zwar sag ich mir auch, weil du siebzig bist
Ob mich's bedrückt? Ich bleib Optimist
Man kann auch den siebzigsten genießen
Kann Freunde wie Euch dabei begrüßen.

Reim und Rhythmus sind dem Gedicht Fontanes nachempfunden, und die Gäste erkannten alle das bekannte Vorbild, denn dieses Fontane Gedicht wurde in vielen jüdischen Familien bei Geburtstagsfeiern vorgetragen.

Die Familie Mosbacher wurde Mitglied der liberalen jüdischen Gemeinde in Haifa, Beth Israel, in der Rabbiner Elk und Rabbiner Lazarus[70] wirkten. Es war eine Gemeinde vor allem für deutsche Juden, die dort ihre Traditionen weiter lebten. Es wurden die gleichen Melodien gesungen wie in Deutschland, und manchmal sagte die Tante Käthe nach dem Gottesdienst voller Freude und aus tiefem Herzen: *„Heute war es wieder mal so schön wie in Kassel."*

In dieser Gemeinde konnte Hans Mosbacher seine Freude am Schreiben von Gelegenheitsstücken noch einmal so richtig ausleben. Bisher hatte er seine Theaterstücke fast nur für Familienfeiern geschrieben und im Familien- und Freundeskreis aufführen lassen; jetzt bot sich ihm die Gelegenheit, seine Stücke in der Gemeinde Beth Israel für die deutschsprachigen Mitglieder aufzuführen. Zu Festen wie Purim und Chanukkah verfasste er regelmäßig ein Theaterstück mit der biblischen Geschichte, die er erweiterte, aktualisierte und der er Anspielungen auf Haifa und Kassel zufügte. So hatte er eine begrenzte Öffentlichkeit für seine Theaterstücke. Im Nachlass fanden wir noch einige der Stücke; auch geschrieben auf dem zarten, blauen Seidenpapier, in das man in der Palestine Wool Co. die Wollmuster für die Kunden einwickelte. Hans Mosbachers Theaterstücke sind ein weiteres

Zeugnis seiner Luftakrobatik, mit der er die verlorene und neu gewonnene Welt miteinander verbinden konnte. Sie bilden eine Brücke zwischen der alten und der neuen Welt des Hans Mosbachers.

Im Land der Bibel begann er sich für die Bibel zu interessieren und erneuerte sein Wissen über die alten Geschichten. Wie bereits in Kassel schrieb er seine Stücke nach dem Vorbild der deutschen Klassiker. Hans Mosbacher war zeitlebens ein besessener Leser und seine Lektüren gingen ganz selbstverständlich in seine Texte ein. „Das Vorgängertum der Lektüre", wie Georges Arthur Goldschmidt[71] es formuliert, ist jedem Autor ein vertrautes Phänomen. Bewusst oder unbewusst wird Gelesenes zu Geschriebenem verarbeitete. Er schrieb Bühnenwerke mit biblischen Themen nicht aus religiösem Eifer, sondern weil er eben in dem Land lebte, in dem sich die Geschichten vor sehr langer Zeit zugetragen hatten. Hans Mosbacher hatte sich schon immer für die Geschichte und Kultur des Landes, in dem er lebte, interessiert. In Deutschland verehrte er die Klassiker und beschäftigte sich mit deutscher Geschichte, später, als die Nationalsozialisten ihre Judenhetze begannen und die Juden diffamierten, wurde er zum „stolzen Juden", in Paläs-

"BETH JISRAEL" - HAIFA, HADAR HACARMEL

Wir laden unsere Mitglieder und Freunde zu einer

PURIM–FEIER

am Dienstag, den 7. März 1950, 8³⁰ Uhr abends im Restaurant WEISS, Herzlstrasse 35 ein.

PROGRAMM:

1. Teil: GESANGLICHE DARBIETUNGEN
von Frau Grete Weiss.
Am Flügel: Kapellmeister E Behrent.

2. Teil: Vorlesung:
"FRÄULEIN ESTHER"
Eine Purim-Megillah von Hans Mosbacher.

Unkostenbeitrag:
200 Mils für Mitglieder
300 Mils für Nichtmitglieder: an der Abendkasse

ית ישראל" – חיפה, הדר הכרמל

הננו מזמינים את חברינו וידידינו

לנשף-פורים

ביום שלישי י"ח אדר תש"י בשעה 8³⁰ בערב
במסעדה וייס, רחוב הרצל 35

בתכנית:

א. בצוע מוסקלי
על ידי גב' וייס
ליד הפסנתר: א. בהרנט

ב. הקראת מגלת-פורים מודרנית:
„גב. אסתר"
נכתבה ע"י הנס מוזבכר

דמי-הוצאות:
לחברים 200 מיל
לאורחים 300 מיל על יד קופת-הערב

Einladung zum Purim Theaterstück 1950

tina entdeckte er den Reichtum der biblischen Erzählungen und machte sie zum Stoff seiner Theaterstücke.

Im Jahr 1950 sollte Purim[72] in Beth Israel mit einem Theaterstück gefeiert werden. Eine aufwendige zweisprachige Einladung in Hebräisch und Deutsch wurde gedruckt und verschickt, so wie einst in Kassel zu den Familienfesten. Weil die Gemeinde über keine größeren Räume für solche Feiern verfügte, fand die Aufführung im Restaurant Weiss in der Herzlstraße statt. Sie bestand aus einem musikalischen Teil und einer „Purim-Megillah"[73] von Hans Mosbacher mit dem Titel „Fräulein Esther". Dieses kleine Gelegenheitsstück ist eine überraschend frauenemanzipatorische Interpretation der Geschichte Esthers.

Inspiriert dazu wurde er durch den Auftritt Elisabeth Bergners, die Anfang der 50er Jahre mit Schnitzlers Stück „Fräulein Else" in Israel gastierte. Mosbacher und seine Freunde haben das Stück natürlich gesehen. Die Bergner las das ganze Stück allein auf der Bühne und begeisterte das deutsche Publikum. Endlich hatten sie wieder die Gelegenheit, die „deutsche Kultur" in vollen Zügen zu genießen. Mosbacher kehrte beglückt nach Hause zurück, setzte sich hin und schrieb sein „Fräulein Esther" noch völlig unter dem Eindruck der Bergner. Auch sein Werk sollte von einer einzigen Frauenstimme vorgetragen werden, und dafür kam nur seine Frau, Aenne Mosbacher, in Frage. Wie die Bergner, stand auch sie ganz allein auf der Bühne und las den Text vor.

Das Stück beginnt mit einem Prolog. Die Erzählerin stellt die *„alte und doch ganz aktuelle Purimgeschichte"* vor, unterbricht sie aber plötzlich und sagt:

> *Soll ich Ihnen die Geschichte weiter erzählen? Sie kennen sie ja so gut wie ich. ... Aber was Sie nicht wissen ist dies: diese Personen sind nur nicht gestorben, sie sind nicht gealtert, – sie existieren weiter, nicht nur in dem alten Spiel auf der Purimbühne, – nein ganz wirklich, unverändert. Unverändert? Nein, das stimmt nicht ganz. Denn wenn die Zeit ihnen auch nichts anhaben konnte, so hat doch die Zeit, haben sich die Zeiten geändert. Susa ist ein Ruinenhaufen geworden, der Königsthron von damals steht nicht mehr. Ahasveros ist – wenn er nicht gerade an Purim in seine alte Rolle schlüpft, glaube ich, jetzt ein hoher persischer Beamter. Haman, der Bösewicht, – ja, ob der in Wirklichkeit noch lebt, weiß ich nicht, er ist doch aufgehangen worden. Aber die Vashti ist hier, in Israel, beim persischen Konsulat, eine Art weiblicher Attaché, sie spielt eine Rolle in der persischen Frauenbewegung. Und Esther, – ja ... ihr Königinsein ist hinge-*

schwunden, wie das alte Persien, und sie ist mit ihrem alten Onkel, Sie wissen, dem Mordechai, hierher gekommen in einer Alija, die noch nicht als erste oder zweite gezählt wurde. Und hier ist sie etwas sehr Nüchternes geworden – Stenotypistin bei einem Anwalt. ... Aber etwas wurmt sie, – das ist ihr Verhältnis zu Vashti. Und gerade jetzt ist die Sache zum Klappen gekommen. Und nicht durch die Esther, sondern durch die Vashti. Eigentlich auch nicht die Vashti, sondern durch eine ganz zufällig und vorübergehende hier Anwesende, durch Elisabeth Bergner und ihre „Fräulein Else"-Vorlesung. Frau Vashti hat sie gehört, – sie hat natürlich hier gleich deutsch gelernt. Auf Niemanden hat Elisabeth Bergner so gewirkt wie auf Frau Vashti. „Fräulein Else" hat sie ganz aufgeregt ausgerufen, das bin ja ich! Das ist ja mein Fall, – literarisch aufgemacht ... Der ganze alte Groll ist so wieder lebendig geworden, und die Vorwürfe gegen Esther, – vielleicht auch der Neid auf sie. Und so ist die Sache vor den Geschichtshof gekommen. Wie bitte? Gerichtshof? Nein, Geschichtshof! Ach, das wissen Sie auch nicht? Dass die Knesseth, um der Spannung zwischen den Orthodoxen und den Linken ein Ende zu machen, eine Behörde, ein Tribunal geschaffen hat, dem die alten biblischen und historischen Streitfälle zur Klärung auf Antrag vorgelegt werden. Den Antrag hat Frau Vashti gestellt. Nun hören Sie, was daraus wird.

Der Prolog verbindet die alte biblische Geschichte mit aktuellen Auseinandersetzungen in Israel und schlägt gleichzeitig eine Brücke nach Europa. Leicht ironisch und distanziert baut Mosbacher einen Zaun aus Worten, der ihn wie ein Schild vor den Problemen der Gegenwart schützt. Das Stück beginnt mit einem Telefongespräch des Anwalts der Esther, ein Gespräch, das biblische Streitigkeiten humorvoll in die israelische Wirklichkeit einbettet.

Anwalt: *natürlich werde ich ihr Gegner sein, Herr Kollege ... wie bitte? ... ja, die Kammer für historische Probleme ist jetzt im ersten Stock. – ja nach palästinensischen Begriffen, also im zweiten – um 10 Uhr morgen. Wie? „Jacob gegen Esau" ... da habe ich Vertagung beantragt ... Vorschuss? Aber sicher! Bei Leuten, die sich um einen Teller Linsensuppe zanken – Mäh? „Saul gegen David" das hat der Kollege Samuel – Ja! Also bis morgen Shalom.*

Gegliedert in drei Szenen, konzentriert sich das Stück auf die beiden Frauenfiguren, Esther und Vashti, ihr unterschiedliches Handeln und ihre Beziehung zueinander. Im ersten Bild treffen Esther und Vashti sich mit ihren jeweiligen Anwälten und besprechen ihren „Fall“. Im zweiten Bild treten Anwälte und Mandanten vor Gericht auf, und im dritten wird die Schuldfrage von Gericht und Publikum geklärt; mit einer ganz überraschenden Wendung. Der König Ahasveros ist nur bei der Gerichtsverhandlung vor dem Geschichtshof anwesend, Haman fehlt in diesem Stück vollkommen.

Ein modernes Purim-Stück also, heute keine Ausnahme mehr, aber damals etwas Neues und Überraschendes. Hans Mosbacher stellt eine ganz neue Frage an die alte Purimgeschichte, er fragt ganz einfach: Welche der beiden Frauen hat richtig gehandelt? Vashti, die sich weigerte, nackt vor dem Hofstaat Ahasveros' zu erscheinen und deshalb verstoßen wurde? Oder Esther, die sich bereitwillig zur Königin machen ließ, ihre jüdische Herkunft verbarg und von dem Reichtum und Luxus des Könighofes geblendet war? Hier ein kleiner Ausschnitt aus dem Gespräch zwischen Esther und ihrem Anwalt:

> Anwalt: *Was war sein* (Mordechais, Onkel und Vormund Esthers) *Beruf?*
> Esther: *Das ist schwer zu sagen ... was ihm gerade in den Weg kam ... er kaufte und verkaufte ... und vermittelte, auch Ehen ... und als die Einwanderer aus Palästina nach Persien kamen, handelte er mit den Sachen, die die Leute mitgebracht hatten ... er kaufte sie natürlich billig und verkaufte sie teuer ...*
> Anwalt: *Und Sie Esther?*
> Esther: *Ich? Auf mich setzte er seine ganze Hoffnung ... Ich war damals noch jung ... Gott! Ich war doch ein dummes, unerfahrenes Ding, und von Männern wusste ich überhaupt nichts. Onkel hütete mich wie ein Juwel ... Der Onkel erzählte mir, dass wir ein auserwähltes Volk seien, – und mich hielt er für das Auserwählteste dieser Auserwählten.*
> Anwalt: *Und Sie waren nicht besonders erstaunt, als der König Sie vor allen andern bevorzugte?*
> Esther: *Nein, er war wirklich von Anfang an besonders gnädig und gütig zu mir! Und dann, er war ein schöner Mann ... Und dann die Pracht im Palast! Der Schmuck, den er mir schenkte! Und die wunderbaren Säle ... Ich hatte seidene Gewänder, sogar seidene Tücher auf meinem Lager ...*
> Anwalt: *Sie haben dem König nicht erzählt, dass sie Jüdin seien?*
> Esther: *Nein. Onkel schärfte mir ausdrücklich ein, nichts davon zu erwähnen. Wozu auch? ... Ich glaube der Onkel hatte ganz recht.*

Mosbacher greift in dieser Szene zurück auf die alten Stereotypen, mit denen die christliche Gesellschaft Juden seit dem Mittelalter ausgegrenzt und verfolgt hat: sie handeln mit allem, was ihnen angeboten wird und sind geldgierig, sie verstecken ihre Herkunft und betrügen wohlmeinende Menschen zum eigenen Vorteil. Esther verkörpert im jüdischen Narrativ traditionell eine sehr mutige Frau. Mosbacher stellt sie als Werkzeug der Männer, ohne eigenen Willen oder der Fähigkeit zu denken, dar.

Die zweite Szene spielt im Geschichtshof. Es treten auf: Esther und Vashti mit ihren jeweiligen Anwälten und der Präsident. Der Geschichtshof ist einberufen worden, um über die zeitgemäße Interpretation der biblischen Geschichten zu befinden.

> *Dieser Gerichtshof ist dazu da, die historischen Probleme zu klären, die geschichtlichen Fragen zu beantworten. Unparteiisch zu entscheiden, ob die Nachwelt richtig urteilt oder nicht ... Ob Rebecca ein Recht hatte, ihren blinden Mann zu täuschen, ob Abraham richtig handelte, als er Sarah für seine Schwester ausgab ... Jetzt sind wir bei der Angelegenheit Esther contra Vashti.*

In der nachfolgenden Verhandlung werden die beiden Frauen zu ihren Handlungen und Motiven befragt. Vashti erscheint als selbstbewusste Frau, die ihre Würde nicht opfern wollte und daher dem allmächtigen Herrscher widersprach. *„Herr Präsident, ich war doch nicht nur Königin, sondern auch Frau“*, bemerkt sie. Der Präsident stellt fest, dass sie damals ihrer Zeit weit voraus war und 2000 Jahre zu früh geboren ward. Esther dagegen war eine folgsame junge Frau, die sich den Wünschen und Befehlen der Männer, ihres Onkels und Ahasveros' beugte. Auch fand sie Gefallen an der Rolle als Königin. Am Ende der Szene jedoch schlüpft Esther doch noch in ihre traditionelle Rolle als mutige Retterin ihres Volkes. Auf die Frage, ob es Mitleid mit ihrem Volke war, das sie bewegte, zum König zu gehen, ohne gerufen worden zu sein, antwortet sie:

> *Mitleid, Liebe, Zugehörigkeit ... ich bin ein einfaches Mädchen gewesen aber niemals feige. Und als die Stunde kam – als Tod und Verderben meinem Volke drohte, da setzte ich meine Würde als Jüdin ein – da legte ich sie unbedenklich auf die Wagschale gegen die Liebe des Königs zu mir.*

Die dritte Szene spielt hinter der Bühne. In einer Ecke sitzt als stiller Beobachter der Präsident, neben ihm die beiden Anwälte und als weitere Beobachter sind die Zuschauer gedacht. Es treten nun Ahasveros, Vashti und Esther auf und interpretieren ihre eigene Geschichte neu. Ahasveros tritt auf als Bühnenfigur, dazu verdammt, einmal im Jahr wieder seine Rolle als König anzunehmen:

> Ahasveros: *Also wieder Purim, und mein Leben wird zum Spiel, zum alten Spiel. Ich setze wieder die Krone auf, lege den Purpurmantel um – merkwürdig, das Alte wird in mir lebendig – als wäre die Zeit nicht verstrichen – um mich herum Höflinge, Sklaven und Frauen! Frauen .... zwei werde ich jetzt wieder sehen ... Nun werden sie Beide kommen, und das alte Spiel beginnt. Schon da Vashti? Noch bin ich nicht der König.*
> Vashti: *Und ich nicht die Verschmähte, die Bestrafte.*
> Ahasveros: *Trägst Du's mir noch nach, nach all den Jahrhunderten? Ich bin doch anders geworden, ein Anderer im andern Beruf, im andern Milieu.*

Vashti antwortet voller Würde und weigert sich, in Ahasveros einen veränderten Menschen zu sehen, einen Menschen, der die Gefühle und Grenzen anderer berücksichtigt. Sie erkennt, dass sie durch seinen Wunsch und ihre Weigerung, ihn zu erfüllen, zu ihrer weiblichen Würde gefunden hat.

> Vashti: *Aber Ich bin noch die, die ich war ... oder besser, die ich geworden bin durch deine Tat.*
> Ahasveros: *Ich weiss, Du führst die Frauen gegen die Männer. Es ist ja kaum mehr nötig – hier schon gar nicht, wo sie mitkämpfen, mitregieren.*
> Vashti: *In der Ehe sind sie sicher nicht mehr die Gehorchenden ... sie stehen neben dem Mann, selbst, wenn er noch so hoch steht.*

Esther erscheint und erklärt, dass auch sie ihre Würde fand. Ihr Ich wurde in dem Moment erweckt, in dem sie erkannte, wie sehr Ahasveros sich von seinen Trieben und Gelüsten leiten ließ.

> Esther: *Mich lockt heut nicht, mehr, was mich damals entzückte: Glanz, Pracht, Macht und Deine gütige Zuneigung.*
> *Zweimal haben deine Launen dir die Liebe einer Frau gekostet. Heute würde dir die Macht, die Möglichkeit fehlen, mit Menschen zu spielen, aber der wankelmütige, schwankende Mann bleibt, was er war.*

Sie erkannte, so Mosbachers Interpretation der Geschichte, schon in der biblischen Erzählung in Ahasveros den schwachen Herrscher. Ihre Liebe versiegte, sie musste aber weiterleben als seine Königin, *„ich musste meine Würde töten für andere."* Als Vashti dies hört, läuft sie auf die ehemalige Rivalin zu, umarmt sie und ruft aus: *„Ich verstehe dich! Du hast mehr getan als ich – du bist die Größere! Verzeihe mir!"*. Ahasveros sieht sein Vergehen ein und realisiert am Ende des Stückes, dass er verurteilt ist, auf alle Zeiten nur noch im Spiel, im Text zu erscheinen, sein Leben ist zum Geschehen im Text reduziert. Der Präsident tritt hervor und spricht das Urteil:

> *Es bleibt Ihnen nichts als das alte Spiel, Ahasveros: König, einmal im Jahr. Sie können das Rad der Geschichte nicht rückwärts drehen, um neu das Spiel mit den Frauen zu versuchen, um es ins Heute zu projizieren, Sie bleiben, was sie waren: Einer, der sein Ziel nur in der Befriedigung der eignen Wünsche sieht, rücksichtslos gegen die Empfindungen Anderer, möge Ihre Lust auch das Leid Anderer sein – im Großen einst – im Kleinen heut. Und zu Esther und Vashti, und auch Sie bleiben, was sie gewesen sind, Frauen, die sich gefunden haben, – die eine als sie ihre Würde wahrte, die Andere, als sie ihre Würde hinten an stellte, um ihr Volk zu retten, – und deshalb gebührt Ihnen, Esther, Der Vorrang. Verurteilt vom Geschichtshof, von der Geschichte steht nur Einer: Ahasveros! – das ist die Entscheidung, und damit endet dieser Prozess.*

Mosbacher hat mit diesem Theaterstück die Purimgeschichte[74] als reines Bühnengeschehen interpretiert. Die Figuren treten, wie in jedem Jahr, auf der Bühne auf; sie verkleiden sich vor dem Publikum, nehmen ihre angestammten Rollen ein und interpretieren das bekannte Narrativ. Dieses Theaterstück erzählt nicht die Purimgeschichte wie sie überliefert ist, sondern spielt in der Jetzt-Zeit. Israelis, in der Rolle biblischer Figuren, fragen sich: was waren das für Menschen damals, welche Rolle hatten Frauen und Männer im alten Orient? Mosbachers Augenmerk richtet sich nicht auf die wundersame Befreiung des jüdischen Volkes, sondern auf die Geschlechterrollen.

Im Jahr 1950 schreibt ein deutscher Jude in dem gerade mal zwei Jahre alten Staat Israel ein Purim-Stück, in dem er sich nicht auf Esthers Mut, ihre große Tat, das Volk zu retten, konzentriert, sondern auf die unterschiedlichen Rollen der Frauen in dieser Geschichte. Vashti spielt im traditionellen Narrativ eher eine untergeordnete Rolle, die Interpretationen konzentrieren sich vor allem auf Esther und ihre Tat. Mosbacher bezieht sich durch dieses „Frauenstück" auf die veränderte Rolle israelischer Frauen, die ihm eigentlich sehr fremd gewesen sein muss. Im neuen Staat Israel sind Frauen emanzipiert, sie kämpfen, regieren, arbeiten in allen Berufen, genau wie Männer. Er konzipiert die Figur der Vashti als eine emanzipierte Frau im alten Perserreich, eine „Frauenrechtlerin", wie der Präsident bemerkt. Vashti emanzipiert sich durch ihre Handlung. Esther, die eher konventionelle Figur, entwickelt sich zu einer selbstbestimmten Frau. Macht sich frei von den Versuchungen des Luxus' und lernt, im Interesse anderer, ihre Würde nach innen zu kehren und, im eigenen Interesse, keine falsche Muttat zu vollbringen. Dieses kleine Theaterstück zeigt, wie stark Mosbacher die neue Realität Israels in sein Denken mit hinein genommen hatte und es sich zu eigen machte.

Für einen Mann, dessen Sozialisation im Kaiserreich, dem einengenden wilhelminischen Zeitalter, stattfand, ist dies ein erstaunliches Stück. Wie es in seiner eigenen Ehe aussah, können wir nur vermuten. Aenne Mosbacher arbeitete zwar wieder als Röntgenassistentin, aber ob Hans Mosbacher sich an der Hausarbeit beteiligte, bleibt ein Geheimnis. „Fräulein Esther" aber ist ein Spiegel israelischer Realität. Die Rolle der Frau hatte sich durch die Umstände gewandelt und dadurch auch die Interpretation der biblischen Geschichten.

Im Jahr 1955 feierte die Gemeinde Beth Israel ihr 20-jähriges Bestehen. Aus diesem Anlass hat Hans Mosbacher einen Vortrag über das Chanukkah-Fest[75] gehalten und ein kleines Bühnenstück „Chanukkah" geschrieben. Den Vortrag hielt er, inzwischen 73 Jahre alt, am 10. Dezember 1955. Er entfaltet darin die Geschichte der Gemeinde Beth Israel auf der Folie der Makkabäergeschichte.

> *Wenn die Makkabäer noch lebten, wären sie jetzt gerade 100 mal älter als Beth Israel, – aber sie leben eben nicht mehr – nur noch in der Erinnerung und B. I. lebt wirklich. Dagegen ist mit ihrem Namen das Fest der Tempelweihe verbunden und so weit zur Einweihung hat es B. I. – wenigstens auf dem Hadar – noch nicht gebracht. Ich glaube, dass sind so die einzigen Berührungspunkte zwischen den Makkabäern und den Beth Israeliten.*

Der Vortrag erzählt die Geschichte einer liberalen deutschen Synagogengemeinschaft in Palästina. Liberale deutsche Rabbiner hatten es nicht leicht

– weder in Palästina noch später im neuen Staat Israel. Sie waren weitgehend an den Rand gedrängt und arbeiteten zum größten Teil nicht mehr als Rabbiner, sondern als Religionslehrer, oder wie Ernst Mosbacher, in ganz anderen Berufen. Hans Mosbacher scheut sich nicht, diese – seiner Meinung nach – Ungerechtigkeit, offen in seinem Chanukkah-Vortrag anzusprechen. Er spricht von den „utopischen“ Träumen, die die Gemeinde und ihr Rabbiner noch vor zehn Jahren hegten. Sie träumten von einem massiven Anwachsen liberaler Gemeinden in Palästina, von mehreren Gemeinschaftshäusern, einer eigenen Zeitschrift, selbst von einem „liberalen Kibbuz“ träumten die Mitglieder. Nichts davon wurde erreicht und im 20. Jahr ist Mosbacher, und wahrscheinlich auch die anderen Gemeindemitglieder, realistischer geworden, *„aber wir leben wenigstens weiter“*.

Anschließend spricht er über die drei Säulen einer Gemeinde, wie sie Rabbiner Dr. Elk der Gemeinde vermittelt hatte: „Gottesdienst, Lehrhaus, Schule“. Zum Gottesdienst: Die ersten Gottesdienste der Gemeinde wurden im Kowalskisaal, einem großen nüchternen Saal in Haifa gefeiert, den die Gemeinde für die Gottesdienste gemietet und der an den übrigen Tagen von anderen Vereinen genutzt wurde.

> *Wenn wir nicht beteten, tagte darin eine Schützengesellschaft, wenn ich mich recht erinnere. Man sah Schießspuren – jedenfalls haben die Schützen ihre Ziele öfters und besser erreicht als wir.*

Wahrscheinlich handelt es sich um eine Schützengesellschaft, in der deutsche Juden, denn nur diese gründeten einen Verein im damaligen Israel, *„ihre deutschen Gepflogenheiten, trotz allem weiterlebten. Als der Gemeinde diese Räume gekündigt wurden“*, zog sie in das Shugurenski Haus in der Hillel-Straße; Mosbacher benennt den Umzug mit einem biblischen Begriff: „Exodus“. Der neue Raum war kleiner, wesentlich behaglicher, aber an den Festtagen doch etwas eng. Auch hier wurde der Gemeinde wieder gekündigt, so dass sie dann in den Pewsner Saal umzog. Dort hat die Gemeinde 1955 immer noch ihre Räume. Auch dieser Saal wird für verschiedene Zwecke genutzt. Wenn kein Gottesdienst stattfand, wurde er für Ausstellungen genutzt:

> *Wenn gerade eine Bilderausstellung war, haben wir sogar so etwas wie einen katholischen Gottesdienst, wenn es auch nicht alles gerade Heiligenbilder sind. Wir haben gelernt, „to make the best of it“.*

Das Beste daraus machen, bedeutet ein Lehrhaus, Vorträge und Religionskurse. Daher bestand in Beth Israel und vor allem bei Rabbiner Dr. Elk die Idee, eine Schule zu gründen. Hans Mosbacher war ein großer Befürworter dieser Schule und engagierte sich, so dass es schließlich zur Gründung der heute berühmten Leo-Baeck-Schule kam. Die Schule existiert immer noch und gilt in Israel und Deutschland als eine Modellschule mit einem besonderen pädagogischen Konzept. Unter anderem arbeiten Lehrer und Schüler in Projekten, die sich um die Verständigung zwischen Israelis und Palästinensern bemühen, durchaus im Geiste der Gemeinde von Beth Israel. In seinem Vortrag nennt Mosbacher auch die Rabbiner, die sich seit den Rabbinern Elk und Lazarus vor allem um die Leo-Baeck-Schule und die Gemeinde gekümmert haben. Der Vortrag endet mit einem engagierten Plädoyer für das liberale Judentum.

Er beklagt die Zuwendung der Jugend entweder zur „sturen Orthodoxie" oder zur „materialistischen Areligiosität" und zitiert interessanterweise eine Studie, die er damals gerade über die Einstellung der deutschen Jugend gelesen hatte. Auch sie ist nicht mehr idealistisch, sondern „amerikanisiert", fasziniert vom technischen Fortschritt und vernachlässige „Glaube, klassische Dichtung, Philosophie und eine idealistische Weltanschauung". Bemerkenswert ist, dass für diesen Vergleich zehn Jahre nach dem Ende des Zweiten Weltkrieges ausgerechnet die deutsche Jugend herangezogen wird. Ihn interessiert nicht, inwieweit die unglaublichen Grausamkeiten, die im Namen just dieser hehren, von den Nationalsozialisten missbrauchten Werte begangen worden sind, etwas mit der Abwendung der Jugend von den Werten ihrer Väter zu tun haben könnten. Hans Mosbacher und vielleicht auch ein großer Teil seines Publikums haben ihr altes Deutschlandbild behalten und ziehen immer noch ihre Vergleiche zu diesem Land, nur denken sie an ein Land, das es nicht mehr gibt. Deutschland, ihr imaginiertes Deutschland, bleibt der Maßstab für Kultur und Bildung. Neu an diesem Vortrag ist, dass Hans Mosbacher ein Gespür für die Notwendigkeit einer religiösen Orientierung entwickelt zu haben scheint. Aber Mosbacher wäre nicht Mosbacher, wenn er sich nicht auch die Frage nach der Zukunft stellen würde.

> *Das Liberale oder der Liberalismus ist etwas aus der Mode gekommen, politisch und bei uns auch im religiösen Sinn. Die Welt und namentlich die Jugend, und diese ist ja die Zukunft, neigt mehr zum Radikalismus ... Hier in Israel haben wir die orthodoxe Jugend und die areligiöse, oder was*

noch schlimmer ist, religiös ganz indifferente Schichten. Und doch sollte man annehmen, dass auf die Dauer gerade den jungen Juden als Angehörige eines Volkes mit zweifellos immanenter religiöser Begabung der materialistische Sozialismus seelisch nicht genügen kann. Um einem solchen Bedürfnis etwas bieten zu können, müsste das liberale, progressive Judentum nicht nur bestrebt sein, den seit Jahrzehnten geplagten Liberalismus zu wahren, sondern ihm neue, zeitgemäßere Formen zu finden. Unsere Zukunft wird davon abhängen, ob uns das gelingt.

Dieser Ton ist neu. Es scheint, als ob Hans Mosbacher in Palästina/Israel einen neuen, wenn auch sehr persönlichen Zugang zur Religion fand. Hier bedeutete ihm Religion, so wie man es aus seinen Worten deuten kann, eine Orientierung in fremder Umgebung, ein Stück Heimat, die er in den bekannten Melodien und den aus seiner Kindheit bekannten Worten finden kann. Vor allem schätzt er die Gemeinschaft Gleichgesinnter, die sich im religiösen Rahmen trafen, und die gleichen Ziele, politisch und religiös verfolgten, den gleichen Idealen nachstrebten.

Am Schluss kehrt er zu seiner optimistischen Haltung zurück und betont, dass Beth Israel zwar keine Synagoge „im europäischen Sinn" sei, man sich aber dennoch trifft, Vorträge hört, eine kleine Bibliothek unterhält und ein Zusammengehörigkeitsgefühl habe. Man sei bescheiden geworden in den 20 Jahren, habe sich den Realitäten angepasst.

Die heutige Feier, die nicht nur einen religiösen Hintergrund hat, sondern gerade diese 20-jährige Zusammengehörigkeit betont, wird mit dazu beitragen, dass wir wirklich, wenn auch keine Gemeinde im europäischen Sinn, doch eine Gemeinschaft bilden und bleiben – religiös – weltanschaulich und rein menschlich begründet.

Im gleichen Jahr wurde in der Gemeinde, im Pewsner Saal, Mosbachers Chanukkah-Stück, ein Theaterstück in drei Aufzügen, aufgeführt. Benyamin studierte inzwischen Medizin in Amsterdam und hat dieses Stück dort zum ersten Mal gelesen. An den Rand des Manuskripts schrieb er: *„Am 3. März 1955 ist meine Mutter gestorben, und doch hat H. M.* [was er dann durchstreicht und durch die Worte *„mein Vater"* ersetzt] *dieses im Dezember 1955 gedichtet?"*.

Der erste Akt spielt im Elysium, und es treten Zeus, Wotan, Athene, Astarte und der Götterbote Hermes auf. Die griechischen und germanischen Götter sind inzwischen gestürzt worden und können nur noch auf der Bühne auftreten. In Mosbachers Schauspiel treffen sie sich und unterhalten sich über den Wandel der Zeiten. Hier einige Auszüge daraus:

Wir sind nun mal gestürzte Götter, von Vernunft
von Wissen, Glauben und Erfahrung pensioniert.

Verdammt sind diese Götter, wie schon fünf Jahre früher König Ahasveros im Purim-Stück, allein nur noch ein Bühnendasein zu führen. Auch Wotan hat das gleiche Schicksal ereilt wie seine griechischen „Kollegen", und hier findet sich eine kleine Anspielung auf die politischen Ereignisse, die sich in Deutschland zugetragen hatten.

Wotan:
Auch mich und meine ganze Schar, Walhalle,
Mit euch verglichen, einst voll Kraft, grob, stark,
hat man – „abreagiert",– so sagt man wohl,
Mit lautem Kunstgetöse, leitmotivische,
Lässt man uns auf der Bühne herrlich sterben!
Und unser Erbe ward der nordische Mensch,
Dem, zäh am Boden klebend, Blut und Rasse gilt,
Als Herrn der Welt sich dünkt und selbst zum Gott sich machte.

Athene*:*
Wir Griechengötter auch sind unterlegen
Als vor zweitausend Jahr das Judenvolk
Sich zähen griechisch Wesen widersetzte
Und seinen Gott zum Weltenherrscher machte,
Und seine Lehre, in der Welt zwar bös verwässert
Durch jenen Nazarener, jenen Mahomet
Allüberall vorndran und unser Ein vernichtet ...

Zeus*:*
Halt! Ganz vergessen hat man uns noch nicht.
Wir Griechengötter leben – in Operetten fort,
Die von der schönen Helena, vom Orpheus klingen.

Auch diese schuf ein Mann aus jenem kleinen Volk
Das in dem kleinen Land an Asiens Küste hauste,
Als wir noch herrschten.

Athene:
Es lebt noch heut und wieder in dem Lande!

So ist die Verbindung zu Chanukkah hergestellt, die Götter weisen darauf hin, dass das jüdische Volk sie einst durch seinen Glauben an den einen Gott besiegte. Zwischen dem ersten und zweiten Akt ist ein kurzes Zwischenspiel eingeschaltet, in dem die Götter, vor dem Vorhang stehend, dem Volk zuschauen, wie es in dem kleinen Land, und vor allem aber in Beth Israel, lebt. Hier wird Mosbacher fast zionistisch in seinem Stolz auf das in dem Land Erreichte, die Götter loben die Aufbauarbeit, bewundern die Kraft und den Mut, mit denen ein kleines Volk von Intellektuellen und Händlern die schwere Arbeit der Landwirtschaft in einem so trockenen, heißen, unwirtlichen Land bewältigt hat. Da es unmöglich ist, die ganze reiche Vielfalt des Lebens in diesem geschäftigen kleinen Land auf der Bühne darzustellen, werden den Göttern nun einige Tableaux gezeigt. Natürlich handelt es sich da um das geschäftige Leben in Beth Israel.

Hermes:
So könnt Ihr schaun
Ein Beispiel jued'schen Seins in jued'schen Land.
Bunt ist dies Leben, und daraus zu wählen
Nicht leicht. Drum seht wie von Europens Sehnen
Sich deutsche Juden, – spöttisch sagt man Jecken, –
Im alten Land ihr Leben aufgebaut
Gläubig doch nicht an alten Formen klebend
Wie in pedant'scher Weise ultra fromm,
die jeden ausgeklügelt starren Satz
für heilig halten, und mit Kompromissen
ihn quälerisch und künstlich deuten,
um des Gesetzes äußeren Schein zu wahren
Beit Jisrael nennt sich ihr Bund
Der gläubig sie vereint und ihrem Leben
Und Tun die Richtschnur gibt, – nein geben soll.
Sie pflegen Wissen, Kunst, Geselligkeit.

Hier, wie in einem Vortrag zum Chanukkah-Fest, ist Mosbacher sehr darauf bedacht, den Orthodoxen, den Frommen, eins auszuwischen. Er ist in Israel zum Verteidiger des liberalen Judentums geworden. Kämpferisch setzt er sich dafür ein. Warum engagiert er sich wohl so sehr für das liberale Judentum, er, der zu Hause in Kassel keine besonders enge Beziehung zum Gottesdienst, auch nicht zu dem liberalen, hatte, der eher eine rein konventionelle Religiosität lebte? Für ihn und für die ganze Gemeinde in Beth Israel repräsentierte das liberale Judentum ein Stück deutsche Kultur. Es ging ihm mehr um die Kultur der Religion als um die Religion und deren Inhalte. Über den liberalen Ritus konnte er in seiner vertrauten Kultur auch im orientalischen Palästina/Israel weiter leben und sich von den „frommen Ost-Juden" aus Polen und Russland, aber auch von den orientalischen Juden, die in der neuen geographischen Situation auch „Ost-Juden" genannt werden, abgrenzen. Mosbacher spricht voller Verachtung von dem „Mizrachim", den „Ost-Juden". Mizrach im Hebräischen bedeutet Osten, und bezeichnet in Palästina/Israel die Juden aus Nord-Afrika, Iran und Irak.

Das erste Bild, das die Götter im zweiten Akt sehen, ist das Gemeinschaftshaus von Beth Israel. Hier werden zwei junge Menschen, Shoshana und Jochanan, eingeführt. Beide telefonieren und geben Auskunft über die verschiedenen Aktivitäten der Gemeinde und das alles in drei Sprachen, Hebräisch, Englisch und Deutsch. In den Telefonpausen singen sie das „Lied des Gemeinschaftshauses". Der Refrain hat deutliche Anklänge an das bekannte Operettenlied Orlowskis aus „Die Fledermaus":

„Das ist bei uns so Sitte, chacun à son goût".
Und fragen Sie, ich bitte:
Geht das so glatt stets aus
Hier im Gemeinschaftshaus?
Kommt, folget unserer Sitte, probiert es selber aus!

Es ist ein Ermunterungslied zum Aufbau des Landes und zur Erweiterung von Beth Israel. Die beiden jungen Menschen träumen noch vom „liberalen-jüdischen Kibbuz": dem Kibbuz Beth Israel, in dem jeder und jede Gemeinschaft ohne Zwang und ohne alte Traditionen leben und gleichzeitig am Aufbau des Landes in der Gemeinschaft Gleichgesinnter mitarbeiten kann. In der poetischen Fiktion des Dramas erlaubt sich Mosbacher noch einmal den Traum vom liberalen Judentum, das sich im ganzen Land rapide verbreitet, zu träumen. In der nüchternen Prosa des Vortrags aus dem gleichen Jahr weiß er, dass es eine Utopie war und die Wirklichkeit ganz anders aussieht.

Nach diesem Akt kommt wieder ein kurzes Zwischenspiel, in dem die Götter vor dem Vorhang das Gesehene voller Bewunderung kommentieren.

> Zeus:
> *Das nenn ich eine tätige Gemeinschaft!*
> *Mit freiem Volk auf freiem Grund zu stehen,*
> *Das möchte ich wohl ...*
>
> Hermes:
> *Nur wenig seht ihr noch,*
> *Nicht, wie die Jugend dieses dürre Land verwandelt*
> *Zur einstigen Blüte durch der Hände Kraft,*
> *Die Arbeit, Freuden, Sorgen, Nutzen teilend,*
> *Und wie in Städten längst zwar nicht so prächtig*
> *Wie einst Athen, Korinthe,– doch groß und praktisch*
> *Sie für das Leben nötige Dinge fertigen.*

In Mosbachers Vorstellung braucht der moderne Staat Israel die Bewunderung der alten griechischen und römischen Götter, folglich bettet er die jüdische Geschichte, die alte und die neue, in einen klassischen Rahmen. Griechische, ja sogar germanische Götter beobachten das Geschehen, sie bewundern es und heißen es gut. Durch diesen Kunstgriff gelingt es Mosbacher, eine gewisse Kontinuität zwischen der israelisch/jüdischen und der klassisch europäischen Kultur herzustellen. Der „glückliche Jude“ schaffte es wieder einmal, schwierige Umstände auf seine Weise zu deuten, und drohender Entfremdung entgegen zu wirken. Zeus als Sprachrohr Mosbachers fasst diese Haltung zusammen: *„Denn die das Leben meistern, sind die wahrhaft Weisen.“*

Der 3. Akt spielt im Bureau der Tarbut-Abteilung (der Kultur-Abteilung) von Beth Israel und ist ein Lob auf das liberale Judentum, das sich rapide in Israel ausbreitet, und bald die einzige akzeptierte Form jüdischer Existenz sein wird. Eine utopische Vision. Anfangs treten nur die Leiterin der Tarbut-Abteilung und der Redakteur der gemeindeeigenen Zeitung auf. Ihre Unterhaltung ist geprägt vom Pioniergeist und vom liberalen Judentum. Selbst die Gemeindezeitung hat ihren europäischen Vorläufer. Die BIZ (Beth Israel Zeitung), so stellen die Kulturbeauftragten fest, gab es schon einmal, nämlich in Berlin, wo es die „Berliner Illustrierte Zeitung" gab. Der Geist dieser Zeitung findet seine Fortsetzung in Israel, entspricht aber jetzt den neuen Bedürfnissen seiner Leser. Die neue BIZ hat keine langen analytischen Artikel, keinen Fortsetzungsroman oder sensationellen Bilder mehr, denn der moderne Mensch hat dafür keine Zeit, er braucht Schlagzeilen und so, bemerken die Kulturbeauftragten der Gemeinde, habe ihre Zeitung Appellcharakter, um den liberalen Geist durchzusetzen.

Unser Volk ultrafromm schwarz,
In Kürze erstarrt's
Unser Volk ohne Glauben, rot
Stirbt geistigen Tod –
Drum mehrt die Zahlen
Der Liberalen!

Die beiden diskutieren über die Jubiläumsausgabe ihrer Zeitung, in der die utopischen Pläne der Gemeinde bereits Realität geworden sind. Es gibt inzwischen schon vier Zweiggemeinden von Beth Israel, und die Gemeinschaft wächst weiter bis hin nach Tel Aviv und Jerusalem. Und so kommen die beiden zu dem Schluss: *„Beth Israel wird in Kürze allein Staatskirche im jüdischen Staat sein!"*. Ob das Wort „Staatskirche" den Mitgliedern der Gemeinde aufgefallen ist? Grußtelegramme aus aller Welt sind in der Redaktion zu diesem Jubiläum eingetroffen. Es wird aber nur das Telegramm aus Deutschland zitiert:

Böses taten die Nazihorden,
Gutes ist daraus geworden.
Das Judentum schien der Welt verloren,
Doch neu ward es der Welt geboren.
Beth Israel hatte dabei die Führung
Masal tov! Die Reichsregierung.

So lautet die Grußbotschaft aus Deutschland. 1955, seit sechs Jahren gibt es die Bundesrepublik Deutschland, hier heißt es aber immer noch „die Reichsregierung" und das wohl nicht nur des Rhythmus' wegen. Eher harmlos klingt der erste Vers: *Böses* ist ein Wort, das man eher mit Märchen als mit Auschwitz in Verbindung bringt. Leise klingt in diesen Versen so etwas wie eine Kausalität an, d. h. ohne Hitler und die Nazis kein Israel. Wie harmlos klingen doch diese Worte. Groß war Mosbachers Bedürfnis, sich Deutschland wieder anzunähern. So wie er die israelischen Errungenschaften durch das Wohlwollen griechischer und römischer Götter adelt, so öffnet er sich dem „neuen Deutschland" gegenüber.

Am Ende erscheinen die Götter noch einmal, loben den Mut und die Glaubensstärke der Juden:

Zeus:
Und als es zum Zusammenstosse führte
Mit Griechen Sitte, Kunst und Aberglauben, –
Da siegtet Ihr durch Eures Glaubens Stärke, –
Bliebt aller Macht zum Trotz dem Väterglauben treu,
Und feiert drum den Sieg des Lichts mit Recht!

Und Hermes, der Götterbote, bindet das Ganze ein ins heutige Israel:

Ihr sitzt jetzt wieder, wo dereinst ihr sasset,
Und zaubert aus Ruinen neues Leben,
Befreit den goldnen Kern von all den Schlacken
Von wüster Dürre, Stein und Dorn,–
Auf altem Grunde stehend, treu beständig,
Und doch frisch schaffend und lebendig!

Das Theaterstück endet, wie könnte es anders sein, mit einem Chor, der zur Melodie von „Freude schöner Götterfunken" voller Enthusiasmus folgendes zionistisches Lied singt:

Hier entstand der Götterfunke
Aller Menschheit dargebracht,
Trinkt von diesem edlen Trunke,
Der das Leben wertvoll macht.
Mög in weiteren Jahrzehnten
Reifen, was von fern uns winkt,
Das, was wir erwünscht, ersehnten,
Näher der Erfüllung bringt!

Ein interessantes Zeitdokument, das noch ungeschminkt und unverändert Auskunft gibt über die Einstellung einer gewissen, vielleicht weniger bekannten Gruppe deutscher Juden in Israel in den 50er Jahren. Der Eichmann-Prozess, der alles veränderte, liegt noch einige Jahre in der Zukunft. Mosbachers Haltung in diesem Theaterstück unterscheidet sich nicht wesentlich von der der anderen deutschen Gemeindemitglieder von Beth Israel. Noch immer eng verbunden mit Deutschland kennen sie wohl noch nicht das ganze Ausmaß der Vernichtungsindustrie, mit der, in deutschem Namen, ihre in Europa gebliebenen Familienmitglieder verfolgt und ermordet wurden.

Allgemein kennen wir zwei ganz andere Verhaltensmuster deutscher Juden. Die einen wie Gershom Scholem, lehnten Deutschland vollkommen ab und wurden glühende Zionisten, die anderen konnten sich nie einleben, für sie blieb das Land immer kulturlos und fremd. In ihrer Einführung schreiben Greif und McPherson: *„Die Jeckes waren tatsächlich die einzigen Einwanderer im Palästina der dreißiger Jahre, die an ihrer Kultur und Identität festhielten und die Anpassung verweigerten.“*[76]

Mosbacher und die meisten seiner Freunde repräsentieren eine weitere Variante in dem reichen Spektrum deutscher Einwanderer in Palästina/Israel, sie versuchten, das Alte mit dem Neuen zu verbinden, um sich so im Neuen durch das Alte einzuleben.

Vielleicht hat Hans Mosbacher sich ein Palästina/Israel konstruiert, es sich nach seinen Bedürfnissen zurechtgelegt, so wie es eben in seinen abendländischen Bildungsplan passte. Aber Hans Mosbacher verweigerte sich nicht der Anpassung, er lebte sie auf seine eigene Art. Auf der einen Seite half ihm die europäische Kultur, das neue Land zu akzeptieren und zu lieben, auf der anderen veränderte das neue Land sein Verhältnis zur europäischen Kultur.

Inzwischen ist ein Buch mit Geschichten von Salomon Hermann Mosenthal[77] mit einem Nachwort von Ruth Klüger erschienen. Mosenthal wurde Anfang des 19. Jahrhunderts (1821–1877) in Kassel geboren und war „ein geschätzter Librettist“ („Die lustigen Weiber von Windsor“) und Dramatiker; er hinterließ fünf „Erzählungen aus dem jüdischen Familienleben“. Mosenthals Geschichten beleuchten den Anfang der Auseinandersetzung zwischen Assimilation und Tradition, zwischen Orthodoxie und Reformbestrebungen, zwischen Armut und Wohlstand an dessen Ende Hans Mosbacher in Kassel stand. Das, was Mosenthal anstrebte, hatte die Generation von Hans Mosbacher erreicht, und dennoch war es von einem Tag auf den anderen, und für die meisten Juden völlig überraschend und unverständlich, aufkündbar gewesen. An Mosenthal und Mosbacher verdeutlicht sich die Geschichte der Hoffnungen und Bestrebungen der Juden im 19. Jahrhundert und die brutale Zerstörung dieser scheinbar erfüllten Hoffnungen. In den Geschichten Mosenthals erfolgt der wirtschaftliche Aufstieg nicht mehr durch die Taufe, sondern durch Assimilation. Das hatte die Generation von Hans Mosbacher endlich erreicht, doch der mörderische Antisemitismus war, trotz der über 100 Jahre währenden aufklärerischen Bemühungen, nicht aufzuhalten. Am Ende standen Verfolgung und Vernichtung unvorstellbaren Ausmaßes, und unfassbar für die optimistische Generation Mosbachers.

Neben der Gemeinschaft von Beth Israel drehte sich Hans Mosbachers Leben um die Familie, die Kasseler Freunde und das Geschäft. Zu Geburtstagen und Feiertagen luden Aenne und Hans Mosbacher, wenn auch in beschränkterem Rahmen, die Freunde ein und feierten mit ihnen die Feste wie früher. Sie versuchten, den alten Lebensstil so weit wie möglich aufrecht zu erhalten. Zu Familienfeiern holten Aenne und ihre Mutter das Familiensilber, das Rosenthal-Porzellan und die Damasttischdecken hervor, feierlich deckten sie den Tisch, der eigentlich viel zu klein für die vielen Gäste war. So holte Hans Mosbacher eine runde Platte, die hinter dem Kleiderschrank stand, hervor und legte sie auf den kleinen Tisch, nun konnten 13 Personen um den runden Tisch sitzen. Alle fanden Platz, wie einst in „der Villa“. Die Runde war stets fröhlich, und meistens rezitierte Hans Mosbacher, Franz Wallach oder ein anderer Gast ein Gedicht oder erzählte eine lustige Anekdote.

Zu Pessach versammelte sich jedes Jahr die ganze Familie bei Mosbachers. Der Tisch wurde wieder feierlich gedeckt, diesmal mit dem Pessach-Geschirr und dem schweren Damasttischtuch aus Kassel. Es musste so sein, wie „zu Hause“. Aenne Mosbacher und ihre Mutter bereiteten das traditionelle Pessach-Mahl vor, und Ernst sollte die Zeremonie leiten. Ernst, der zwar leiten konnte, war aber, als Gründungsmitglied des Kibbuz Hazorea, zum Atheisten und *„Beinahe-Kommunisten“* geworden und weigerte sich, das folgende Tischgebet zu sprechen:

> *Um deines erhabenen Namens willen speisest und ernährst du alle, bereitest Nahrung allen erschaffenen Wesen. Gelobt seiest du, Ewiger, du Allnährer.*

Ernst behauptete, dieses Gebet könne er nicht sprechen, solange Menschen auf dieser Welt hungern, das sei purer Hohn, so zu tun, als ob Gott für alle sorge.

Was also tun? Die Familie einigte sich soweit, dass Ernst alle Texte lesen würde, bis auf das Tischgebet. Der Vater, der die kommunistische Einstellung seines ältesten Sohnes jedoch nicht so ganz ernst nahm, bemerkte: *„Ich werde ihm Rotwein geben, Rot hat er ja gern, und da werdet Ihr sehen wie der Kommunismus nach Moskau fliegt und Ernst mit uns singt."*

Benyamin erinnert sich, dass es tatsächlich so war. Ernst trank genügend Rotwein, sprach das Tischgebet und sie feierten zusammen mit den Großeltern und den Wallachs ein vergnügtes Pessach-Fest unter seiner Leitung.

1954 wurde Käthe Katzenstein 70 Jahre alt. Auch dieser Geburtstag wurde um den improvisierten runden Tisch bei Mosbachers gefeiert. Hans Mosbacher schrieb zu diesem Anlass ein längeres Gedicht mit verteilten Rollen, das die Geburtstagsgesellschaft aufführte. Es beginnt mit dem berühmten Vers aus Goethes Faust, den Hans Mosbacher bereits in Kassel zu Martha Kaufmanns Hochzeit verwendet hatte: *Ihr naht Euch wieder, schwankende Gestalten.*

Neun Jahre nach Kriegsende ist zumindest ein Teil des Ausmaßes der Shoah bekannt, doch dieses schmerzliche Wissen nimmt Hans Mosbacher mit keiner Zeile in das Geburtstagsgedicht hinein. Seine Bindung zu Kassel und der deutschen Kultur besteht auf fast rührende Weise weiter. Er verbindet Haifa und Kassel, jüdische und Kasseler Folklore mit seiner Sehnsucht nach dem Ort der Jugend, seiner Trauer über die zerstörte Stadt und seinem Mitgefühl für die leidende Bevölkerung dort.

Das Gedicht hat den Titel „Die Wiederkehr". Als Personen treten auf: der Autor, Goliath, das Schwälmer Lieschen, in der Schwälmertracht und die Hexe von Endor.[78] Goliath hielt den großen Silberdeckel der Servierschüssel aus Tante Käthes Kasseler Service als Schild in der Hand.

Ihr naht Euch wieder, schwankende Gestalten,
Zehn Jahr sind's her, da liess ich Euch erscheinen,
Gelingt's mir wieder, heut euch festzuhalten,
Wollt wieder ihr zur Feier euch vereinen?

Aus Kassel war der Herkules erschienen,
So wie er stand in seiner stolzen Größe,
Gestützt auf seine Keule und mit trotz'gen Mienen,
Sittsam bedeckt das Feigenblatt die Blöße.

Und sein Chawer[79] *hier aus dem heiligen Lande*
Begrüßte den Kollegen aus dem fernen Hessen,
Der Riese Goliath im schimmernden Gewande,
(Dass David ihn besiegt, das hatte er vergessen).

Und auch zwei Damen kamen voller Pracht,
Die eine ganz von echtem Schrot und Halm
„Nach Palästina Honn ich au gemacht",
So sprach das Lieschen aus der Schwalm.

Der Andern Haare waren grau meliert,
Sie stellte so zweitausend Jahre vor,
Sie war mit Saul und Samuel liiert
Und war beruflich Hexe in Endor.

Herkules wird zum Freund Davids, dem großen Helden der jüdischen Geschichte. Weder die Hexe von Endor, noch der Riese Goliath sind in der biblischen Geschichte und in der jüdischen Folklore positiv besetzte Figuren. In diesem kleinen Gelegenheitsgedicht stellen sie die Verbindung zu Hessen/Kassel dar: Zu Lieschen, die Kasselänisch redet, und zu Herkules, dem Wahrzeichen der Stadt, der den Kasseler Juden in Israel Neuigkeiten aus der Heimat bringt.

Das Schwälmer Lieschen, als Katzensteins Hausmädchen, spricht Kasselänisch durchmischt mit hebräischen Worten.

Se honn net Ammen in der Hisdadruth[80]
So hann sä mich was Scheenes usgeheckt
Als Mumchah in ne Machlawah gesteckt!
Da honn sä Trockenmilch und Lebben nur –
Das geht mä gegen de Natur!
So honn sä mich uffs Trockene gebracht,
Da honn ich als Oseret mich gemacht,
Und tu mich g'rad bei Katzensteinens quälen ...

Die Hexe von Endor tritt auf, und alle drei begrüßen Käthe zu ihrem 70. Geburtstag, und erzählen Geschichten aus ihrem Leben. Aber wo bleibt die vierte der „schwankenden Gestalten", der Herkules? Es klingelt, ein Telegramm wird hereingereicht, ein Telegramm aus Kassel – von Herkules.

Benyamin kann den Herkules nicht mehr spielen und so kam Mosbacher auf die Idee mit dem Telegramm, das die Figuren wechselseitig vorlesen:

Ich habe meine alte Stellung bezogen
Hoch auf des Riesenschlosses bogen
Als das Nazipack ereilt sein Geschick,
Zog mich das Heimweh nach Kassel zurück.
Ich halt nun wieder, wie einst, die Wacht
Und grübele nach, was die Zeit gebracht.

In Mosbachers Kassel-Palästina-Narrativ bleibt Herkules den Krieg über in Palästina. Er wurde ein Teil der jüdischen Folklore und mutierte sogar zum jüdischen Volkshelden. Nach dem Krieg kehrte er nach Kassel zurück, und da er zu diesem Fest nicht kommen kann, schickt er dieses Telegramm, das Goliath, Lieschen und die Hexe von Endor abwechselnd verlesen. Er berichtet der Gesellschaft im „Kasseler Haus" über den Zustand der Stadt nach dem Krieg und der verheerenden Bombardierung am 22./23. Oktober 1943:

Ach, Kaethe, es ist nicht, wie einst es war,
Das Land ist verwüstet und keine Schar
Zieht schwitzend sonntags zu den Kaskaden,
Zu bewundern meine riesigen Waden.

'S ist alles reichlich düster und schwer,
Sogar die Vexierwasser springen nicht mehr,
Die Löwenburg, als Kunstruine erdacht,
Hat ne Bombe zu ner richt'gen gemacht.

Auch die Stadt da unten hat gründlich gelitten,
Es gibt nur noch ne Hand voll Jidden,
Und dem Kasseler Spiesser so ganz allein
Fehlt nun, wie nennt ihr's? der richtige Chain.

Zwar kann man noch Sulperknochen verzehren
Speckkuchen und Bratwurst dahinten in Zwehren
Und dürren Hund und Blätter aus Mohn,
Aber ich sag dir, Kaethe, Schmand ist davon.

Das Telegramm des Herkules' lässt die Nationalsozialisten wie eine lästige, nun gottlob überwundene Krankheit, oder wie etwas Verderbliches, das die Stadt überfallen hat, und nun überwunden ist, erscheinen. So gesehen, spricht Herkules in Haifa exakt das aus, was die meisten Menschen in Kassel damals dachten und sagten. Hans Mosbacher, der das Stilmittel der Ironie beherrschte, greift hier jedoch nicht darauf zurück. Der Text ist ernst gemeint. Er schweigt vollkommen über die Verwicklung, oft sogar Begeisterung, der Kasseler Bevölkerung für den Nationalsozialismus. Die Begeisterung dafür reichte von der Familie Breiding bis in die Familie Mosbacher hinein.

Sechs Jahre nach dem Krieg, als das Reisen noch beschwerlich war, fuhr Hans Mosbacher zum ersten Mal wieder nach Kassel. In Haifa ging er an Bord eines Passagierdampfers, jetzt nicht mehr erster Klasse, und fuhr nach Italien. Von dort reiste er mit dem Zug in einer langen Tages- und Nachtfahrt nach Kassel. Am Bahnhof angekommen, stand er fassungslos vor dem Ausmaß der Zerstörung. Er stand einfach da und schaute lange voller Trauer auf die zerstörten Straßen, die Kölnische Straße gab es nicht mehr, er erkannte die altgewohnten Plätze nicht mehr. Die Stadt, die ihn vor 14 Jahren vertrieben hatte, lag nun in Schutt und Asche, aber Hans Mosbacher empfindet weder Häme noch Genugtuung, sondern nur Trauer. Einige seiner Eindrücke von dieser Fahrt verarbeitet er in dem Monolog des Herkules'.

Paul Ehrenberg um 1937, Freund Hans Mosbachers

Er war zurück gekommen in seine Heimatstadt und wohnte bei Heinz Ehrenberg, einem Adoptivsohn seiner besten Freunde, Paul und Kläre Ehrenberg.[81] Dieser Besuch war überschattet von Spannungen zwischen Ehrenbergs Frau und Mosbacher und erreichte ihren Höhepunkt, als Mosbacher eines Nachts den Nachttisch in seinem Zimmer öffnete und auf ein Bild Hitlers stieß. Er packte seine Koffer und zog am nächsten Tag aus in ein Hotel.

In Kassel wollte er alte Bekannte besuchen und andere suchen. Aber vor allem wollte er erste Schritte unternehmen, um für sich und Aenne die deutsche Staatsbürgerschaft wieder zu erhalten. Am 21. September 1953 wurde er erneut deutscher Staatsbürger. Für Hans Mosbacher waren diese Reise und die Wiedereinbürgerung ein selbstverständlicher Schritt, jetzt da „alles" vorbei war, konnte er wieder deutscher Staatsbürger sein, was seine Liebe zu dem Land Israel nicht im Geringsten schmälerte. Außerdem hatte diese Einbürgerung auch praktische Gründe, mit zwei Pässen reiste es sich leichter, auch war der israelische Pass zu der Zeit noch versehen mit einem Vermerk: „Gültig für alle Länder außer Deutschland".

BUNDESREPUBLIK DEUTSCHLAND

Einbürgerungsurkunde

Hans Julius Mosbacher, wohnhaft in Amsterdam/Niederlande,
(Namen, Stand und Wohnort)
geboren am 25. April 1882 in Kassel,
sowie seine Ehefrau Anna, geborene Rosenberg,
geboren am 7. November 1900 in Eschwege,
~~und folgende(s) von ihm (ihr) kraft elterlicher Gewalt gesetzlich vertretene(s) Kind(er):~~
1. (Name), geboren am in ,
2. , geboren am in ,
3. , geboren am in ,

haben mit dem Zeitpunkt der Aushändigung dieser Urkunde die deutsche Staatsangehörigkeit erworben. Die Einbürgerung erstreckt sich nur auf die vorstehend aufgeführten Personen.

Kassel, den 21. September 1953
Der Regierungspräsident in Kassel
Im Auftrage:

DER REGIERUNGSPRÄSIDENT IN KASSEL

Ausgehändigt am 8. Okt. 1953

Gebühr: frei!
Gebührenkontrolle Nr.
Tgb.-Nr. 1/1 Az. 1 c 04/03
Einbürgerungsverzeichnis E/6

Die Einbürgerungsurkunde für Hans und Aenne Mosbacher aus dem Jahre 1953

Ein weiteres in seinen Reimen interessantes Gelegenheitsgedicht dichtete er im Juli 1965, als Joseph Prager, Nervenarzt und Sohn des Kasseler Rabbiners Prager, 80 Jahre alt wurde. Aus diesem Anlass schrieb Hans Mosbacher für ihn ein 13-zeiliges Gedicht das sich ausschließlich auf *-ager* reimt.

Lieber einstiger und heutiger Mitbuerger PRAGER
Mir waren Sie einst ein zionistischer Frager,
Ich damals noch ueberzeugter Nein-Sager.
Aber die Illusion wurde schwaecher und vager,
Aus der Symbiose Verteidiger wurde ein Klager
Bald ein ueberzeugter Nicht-Mehr-Zager

Die unterschiedlichen Einstellungen zum Zionismus und damit verbunden auch zur deutschen Politik, die in der Kasseler jüdischen Gemeinschaft vorherrschten, lässt er hier noch einmal Revue passieren. Mosbacher scheut sich auch nicht, seine eigenen Vorstellungen einer deutsch-jüdischen Symbiose als Illusion darzustellen und in dem Geburtstagsgedicht seinen eigenen Wandel von einem deutschen Patrioten zu einem begeisterten Palästina-Bürger und späteren Israeli deutlich zu benennen. Das Gedicht endet mit einem kleinen Kasseler Sprachwitz:

Weiter hab' ich auf „ager" nichts auf Lager,
Zum Neunzigsten kommt wieder
Ihr Hans Mosbager

Dem Gedicht ist eine Fußnote angefügt: *„In Kassel spricht man ch und g gleich aus."* Diesen Sprachwitz nimmt Prager auf und reimt seine Antwort auf *„acher"*, indem er den Kasseler Dialekt umdreht: Tag wird zu Taach, sagen zu saachen, und das Gedicht ist unterschrieben mit *Joseph Pracher.* Ein Pracher steht im deutsch-jüdischen Sprachgebrauch für einen armen, schlecht angezogenen Mann.

Ja, man kann von Dir sagen: nie liess einen Taach er
Nie wurde müde oder nur schwach er
Wenn's galt an besonderen festlichen Taachen
Den Menschen erfreuende Worte zu saachen.
Ich mach mir's bequem – das ist viel einfacher –
Sag nix wie: Danke schön!
Dein Joseph Pracher

Zwei ältere Herren, die seit über 30 Jahren in Palästina/Israel leben, in einem ganz anderen Sprachraum – von Joseph Prager ist bekannt, dass er ausgezeichnet Hebräisch sprach – sind immer noch so vertraut mit dem heimatlichen Zungenschlag, dass sie diesen auf heitere Weise noch zu nutzen wissen und seinen Klang noch im Ohr haben. Benyamin erzählt folgende kurze Geschichte über eine „Sprachbegegnung" seines Vaters mit Frau Prager: *„Stellt Euch vor, da kommt die Frau Prager auf der Straße auf mich zu und fragt mich etwas auf Hebräisch. Kann die denn kein Deutsch?"*

Im Krieg wurde Haifa von den Italienern von Rhodos aus und von den Vichy-Franzosen von Syrien aus bombardiert. Der Bevölkerung wurde empfohlen, sich, wenn Luftalarm war, in Kellern aufzuhalten. Im „Beit HaGadol" mussten alle Familien durch die Wohnung der Mosbachers, um in den Keller zu kommen. Wenn die Hausbewohner bei Fliegeralarm durch die Mosbacher-Wohnung eilten, im Arm Decken, etwas zu Essen und zu Trinken, kommentierte er ihre hastige Flucht in den Keller mit einem Vers aus Schillers Glocke: *„Alles rennet, rettet, flüchtet"*. Und als die Raffinerien in Haifa brannten und die Stadt unter schwarzem Ruß verschwand, bemerkte er nur lakonisch: *„Ich sehe, wir leben nicht mehr in Palästina, sondern in Ruß-*

In der Querallee 21 wurden von den Nationalsozialisten die in Kassel verbliebenen „Halbjuden" einquartiert.

land." Auf meine Frage, ob ihn diese Ereignisse erschreckt hätten, antwortet Benyamin: *„Nein, er blieb den ganzen Krieg über im großen und ganzen ein Optimist."* Er habe immerzu gesagt: *„Ich bin Optimist und bleib's bis zuletzt"*, wie er für sich selbst zu seinem 70. Geburtstag dichtete.

Benyamin kennt nur eine Situation, in der der Optimismus seines Vaters ihm nicht helfen konnte. Nach dem Krieg kamen einige Überlebende aus Kassel nach Palästina: seine Schwester Lotte Breiding und Frau Pinkus. Lotte war in zweiter Ehe mit Walter Breiding verheiratet und den Krieg über, obwohl die Ehe bereits geschieden war, wegen ihrer drei Kinder in Kassel geblieben. Sie wurde gezwungen in die Querallee 21 zu ziehen; dort hatten die Nationalsozialisten für einige Zeit die in Kassel verbliebenen „Halbjuden" einquartiert, unter anderem auch Rolf Kahn und seinen jüngeren Bruder Helmut, beide Verwandte der Mosbachers. Rolf Kahn war der Enkel Paula Kahns, einer direkten Cousine Clara Mosbachers. Sie gehörte zu dem „berühmten" Cousinentag, an dem alle Cousinen sich ein Mal im Monat zum Kaffeetrinken in einem Stammlokal trafen. In den letzten Jahren war es die „Alte Drusel",[82] es gab nicht mehr viele Cafés und Restaurants, die Juden überhaupt noch betreten konnten. Großmutter Clara und Tante Paula Kahn verbrachten in den späten 30er Jahren ihren Urlaub oft zusammen auf dem Mulang, denn auch dort gab es noch eine Pension, die Juden aufnahm.

Rolf Kahn (1924–2002), der bis zu seinem Tod in Kassel lebte, zitierte gern den Satz seines Vaters Eduard Kahn über das sehr regelmäßige Treffen der Cousinen, das nie und nimmer ausfallen durfte: *„Das Rennen findet bei jedem Wetter statt"*.

Obwohl die Geschichte von Rolf Kahn nicht direkt in dieses Narrativ gehört, beleuchtet sie doch das bis jetzt wenig beachtete Schicksal derer, die nach den Rassegesetzen als „Halbjuden" galten. Mischehen waren in den liberalen jüdischen Familien des frühen 20. Jahrhunderts schon lange keine Seltenheit mehr, so auch in der Familie Mosbacher. Eduard Kahn (1889–1944), war in erster Ehe mit Charlotte Strautz verheiratet. Die Kinder Rolf und Helmut wurden evangelisch erzogen. 1929 starb die Mutter, Charlotte Kahn, und Erna Kahn, die Schwester des Vaters führte ihnen den Haushalt. Sie wurde 1942 mit dem Transport am 7. September 1942 nach Theresienstadt und von dort nach Auschwitz deportiert, wo sie ermordet wurde. Eduard Kahn wurde ebenfalls am 7. September 1942 von Kassel in das Konzentrationslager Majdanek/Lublin deportiert und letztlich auch nach Auschwitz, wo er am 12. Januar 1944 ermordet wurde.[83] Rolf und sein Bruder Helmut blieben allein zurück. In der Nacht vom 22. auf den 23. Oktober 1943 wurden beide Familienhäuser in der Entengasse 22–24 bei dem großen Bombenangriff auf Kassel vollkommen zerstört. Wie Sonja Kahn und Benyamin sich erinnern, ging Helmut zu Verwandten nach Berlin und Rolf Kahn zog in die Querallee 21, wo andere „Halbjuden" bereits wohnten – betreut von Hans' Schwester Charlotte Breiding. Sie kümmerte sich um sie, kochte für sie und gab ihnen so etwas wie ein Zuhause. Rolf konnte 1943 gerade noch sein Abitur an der Oberrealschule II ablegen, wurde aber nicht mehr zum Studium zugelassen. Nach einiger Zeit als Gelegenheitsarbeiter und stets wechselnden Lehrstellen als Zahntechniker – immer wieder wurde er als „rassisch untragbar" entlassen – wagte es die Firma Coester, ihm erneut eine Lehrstelle als Zahntechniker anzubieten. Die Ausbildung wurde jedoch wieder unterbrochen, weil eine neue Anordnung Himmlers verfügte, dass alle „jüdischen Mischlinge" zur Zwangsarbeit gezwungen werden sollten. Die Vorbereitungen dazu begannen bereits im Frühjahr 1944. Im Spätherbst, Oktober/November, hatte die Gestapo alle „Mischlinge" erfasst, amtsärztlich untersucht und die männlichen im Lager Bähr in der Sandershäuser Straße interniert. Rolf Kahn war einer der Ersten, er wurde bereits im Oktober dort eingeliefert. Die Zwangsarbeiter wurden zur Arbeit im Luftschutz-Stollenbau eingesetzt. Rolf Kahn blieb im Lager Bähr bis zur Befreiung im April 1945.[84] Nach dem Krieg konnte er in Göttingen Zahnmedizin studieren und arbeitete als Zahnarzt in Kassel. Aber er war völlig allein, seine Familie war entweder ermordet worden oder im Ausland, der Bruder Helmut ging sofort nach dem Krieg mit dem YMCA nach Los Angeles und ließ Rolf allein in Deutschland zurück. So suchte Rolf schon sehr früh wieder Kontakt zu seinen vertriebenen Verwandten. Er fühlte sich ganz besonders zur Familie Mosbacher in Palästina hingezogen. Er reiste, sobald es möglich war, nach Israel und besuchte seine Familie. Mit Benyamin verband ihn eine lebenslange und herzliche Freundschaft, die seine Frau Sonja nach seinem Tod weiter pflegt. Die erniedrigenden Erlebnisse während der Nazi-Herrschaft haben ihn jedoch sein Leben lang verfolgt und belastet. Auch beruflicher Erfolg konnte die quälenden Erinnerungen nicht auslöschen, die im Alter immer dringlicher wurden.

Charlotte Breiding, die Schwester von Hans Mosbacher, 1937

Ein anderes „Mischehenschicksal" ist das von Charlotte Breiding und ihren Kindern. In der Querallee 21, in dem Haus, das Benyamin noch heute *„ein so genanntes Judenhaus"* nennt, wurde sie am 22. Oktober 1940 von der Gestapo Kassel verhaftet und „mit einem Sammeltransport in die Landesarbeitsanstalt Breitenau, Guxhagen eingeliefert".[85] Mit ihr gemeinsam eingeliefert und entlassen wurden der Apotheker Wilhelm Post, weil er *„mit einer Jüdin familiären Verkehr unterhalten hat"*, und der Landesinspektor a. D. Hermann Balck, für dessen Verhaftung kein Grund genannt wurde. Charlotte Breiding wurde nach acht Tagen wieder entlassen und lebte bis zum Ende des Krieges weiter in der Querallee 21. Auf ihrem Entlassungsschein wird vermerkt, dass ihr jeder Kontakt zu den Herren Post und Balck strengstens verboten sei.

Das Schicksal ihrer Kinder, der Neffen und Nichte Hans Mosbachers, ist besonders tragisch. Der älteste Sohn, Werner Breiding, wurde, trotz seiner jüdischen Herkunft, deutscher Offizier an der Ostfront. Über seinen Tod herrscht Unklarheit, die Mutter sagte, er sei an der Front gefallen. Wolfgang

Prinz hat jedoch Dokumente gefunden, die eine standrechtliche Erschießung als Todesursache benennen. Werner Breiding, auf Fronturlaub in Kassel, beschwerte sich über die Verhaftung seiner Mutter, worauf er wegen Hilfeleistung einer Jüdin gegenüber vor ein Feldgericht gestellt und erschossen wurde. Der zweite Sohn, Hans Helmut, emigrierte kurz vor dem Krieg nach Südafrika, wo er als Doppel-Agent für Deutschland und England spionierte. Das Doppelspiel wurde entdeckt und Hans Helmut Breiding unter einem Vorwand nach Deutschland zurückgerufen. Er kam zurück und wurde sofort bis zum Kriegsende in Dachau interniert. Er überlebte das Lager, kehrte aber als Schwerkranker zurück in den Alltag. Anfang der 50er Jahre verstarb er in München. Die Jüngste der Breiding Kinder, Renate, wohnte weiter in Kassel; sie rührte, vielleicht aus lauter Verblendung, vielleicht aber auch aus Angst, keinen Finger für ihre Mutter und brach jeden Kontakt zu ihr ab. Später erzählte Lotte Breiding, dass sie ihre Tochter ab und zu in der Straßenbahn traf und ihr zunickte, woraufhin diese laut ausrief: *„Was will denn diese Jüdin von mir?"*. Erst kürzlich erfuhr Benyamin jedoch, dass es Unterlagen gäbe, die belegen, dass Renate Breidings „stramme Haltung" ihr wenig nutzte und sie für einige Zeit in ein Frauenlager deportiert wurde. Sie überlebte, war aber danach seelisch und körperlich zerrüttet. Sie wurde drogenabhängig und starb 1952 in Frankfurt.

Gegen Ende des Krieges kam Peter Benyamin Wallach als palästinensischer Soldat mit der britischen Armee nach Norditalien. Von dort machte er sich auf den Weg, um als erster seine Großmutter, Lotte Breiding, in Kassel zu besuchen. Als junger britischer Soldat kam er in das völlig zerstörte Kassel, nur um nach langem Herumirren herauszufinden, dass seine Großmutter zu ihrem Sohn Hans nach Dachau gefahren sei. Erneut machte Peter Benyamin sich auf den beschwerlichen Weg im kriegszerstörten Deutschland und fuhr nach Dachau, wo er seine Großmutter und seinen Onkel Hans traf, beide ausgezehrt und erschöpft. Von ihnen hörte er die ersten Nachrichten der Überlebenden, Nachrichten, auf die die Verwandten in Palästina so ungeduldig warteten. Nach Palästina zurückgekehrt, berichtete er als erster von den unvorstellbaren Ereignissen. Er hatte das Lager gesehen und konnte als Augenzeuge berichten.

Einige Jahre später, Anfang der 50er Jahre, schickte die Familie Mosbacher einen „Delegierten", Franz Wallach, Peter Benyamins Vater und Lotte Breidings Schwiegersohn, nach Kassel, um ihre Auswanderung nach Israel vorzubereiten. Franz half seiner Schwiegermutter, den Hausrat zu verpacken und buchte ihre Reise, so dass die alte Dame Deutschland, in dem sie nichts mehr hielt, endlich verlassen konnte. Fast scheint es, als ob die Jahre der Verfolgung bei Lotte Breiding weniger tiefe Spuren hinterlassen haben, als bei ihren Kindern. *„Tante Lotte lebte noch viele und eigentlich zufriedene Jahre in Israel und starb dort 1972 im Alter von 92 Jahren“*, so Benyamin.

Als Lotte Breiding in Israel angekommen war, konnte sie als erste der Familie, aber vor allem dem Bruder Hans, genau berichten, was mit ihrer Mutter passiert war. Clara Mosbacher war mit dem letzten Transport, der Kassel am 7. September 1942 in Richtung Theresienstadt verlassen hatte, in dieses Lager deportiert worden. Vor ihrer Fahrt in den Tod hat sie noch Abschiedsbesuche bei Freunden und Bekannten gemacht, sie zöge in den Osten in ein Altersheim. Hans Mosbacher hatte immer gehofft, dass seine Mutter eines natürlichen Todes, auf dem Weg nach Theresienstadt oder dort gestorben sei. Immer wieder hat er die Überlebenden, die nach Israel kamen, gefragt, wie es denn gewesen sei, er wollte es genau wissen. Und er hat es erfahren, von seiner Schwester: Seine Mutter wurde von Theresienstadt gleich weiter nach Minsk gebracht und dort erschossen. Das hat ihn tief getroffen und deprimiert. Den gewaltsamen Tod seiner Mutter konnte er nie vergessen und trauerte den Rest seines Lebens um sie. Es war ein Schatten auf seine Seele gefallen *„Hier“*, so meint sein Sohn, *„hat ihm sein Optimismus nicht helfen können.“*

Die späten Jahre

Aenne Mosbacher starb am 3. März 1955 ganz plötzlich nach einer Operation und wurde nach orthodoxem Ritus in Haifa beerdigt. Diese Beerdigung war für Hans Mosbacher fürchterlicher als der Tod seiner Frau. Er fand es unerträglich, dass die Zeremonie nach festen Riten ablief und vollkommen unpersönlich war. Es kam ihm vor wie *„eine Fließbandbeerdigung"*, der jede Würde fehlte. Es gab weder einen Sarg, der Körper, so schien es ihm, wurde einfach ins Grab geworfen, noch eine persönliche Ansprache mit tröstenden Worten. Er, der die *„Schwarzen"*[86] hasste, musste seine eigene Frau von ihnen, mit *„ihrem Geplapper und Geleiere"*, begraben lassen. Als sie ihn aufforderten, seine Kleidung *„einzureißen"*,[87] weigerte er sich entschieden, diesen Zauber mitzumachen. Der Beerdigungsgesellschaft nahm er es sehr übel, dass sie für diese unwürdige Zeremonie auch noch viel Geld verlangte. Dieser, für Hans Mosbachers Empfinden, unwürdige Abschluss des Lebens sei-

Hans Mosbacher vor dem Schloss Wilhelmshöhe

ner geliebten Frau, betrübte ihn so sehr, dass er nur noch denken konnte, *„so möchte ich nicht beerdigt werden"* und beschloss, sich im Kibbuz Hazorea begraben zu lassen, da die Kibuzzim die Freiheit hatten und noch immer haben, ihre eigenen Trauerriten zu bestimmen. In der Regel sind diese dann

Hans Mosbacher

auch feierlicher und persönlicher. Bald nach Aennes Beerdigung kaufte er im Kibbutz Hazorea eine Stelle für sein eigenes Grab.

Hans Mosbacher lebte weiter in seiner Wohnung, und Miriam sorgte dafür, dass stets eine deutschsprachige Haushälterin ihrem Vater den Haushalt führte, ihm Gesellschaft leistete, und auch gelegentlich als Übersetzerin, z. Bsp. bei Behörden, behilflich sein konnte. Seine zahlreichen Freunde besuchten ihn weiter, oder er fuhr zu ihnen. So versuchte er, seinem Leben eine gewisse Struktur zu geben und plante jeden Tag ganz sorgfältig, es gab Stunden zum Einkaufen, zum Lesen, zum Verfassen von Vorträgen, Essays oder kleinen Dramen, Stunden für die Gartenarbeit. Mit dieser Regelmäßigkeit gab er seinem Leben einen Inhalt. Für Sabbat legte er sich einen regelrechten Besuchsplan zurecht. Eine Woche besuchte er die Freunde in Petach Tikvah, eine andere die Verwandten in Haifa oder Tel Aviv. Er sorgte dafür, dass das Leben ihm weiter Spaß machte. Besuche, Reisen im In- und Ausland, das Schreiben von Artikeln für deutschsprachige Zeitungen und seine Vorträge in der Gemeinde und an anderen Orten wie der Hillel Loge gaben seinem Leben die notwendige Struktur.

Ein kleiner Einschub zu dem, was Hans Mosbacher in den 40er Jahren las. Neben englischer Literatur, die er problemlos in Palästina kaufen konnte, interessierte sich Mosbacher auch weiter für die neuesten deutschen Veröffentlichungen. Er las Zeitungen und erfuhr, dass Thomas Mann zwei neue Romane geschrieben hatte. Aber wie sollte er sich diese in Palästina, mitten im Krieg, beschaffen? So beglückte es ihn sehr, als ihm ein Freund sagte, dass er deutsche Neuerscheinungen, d. h. deutsche Exilliteratur, direkt aus Palästina beim Fischer Verlag in Schweden bestellen könne, und so kam es, dass Mosbacher mitten im Krieg Thomas Manns „Josef der Ernährer" und „Dr. Faustus" las. Bestellen musste er sie Monate im Voraus, bevor sie dann endlich in Palästina mit dem Schiff ankamen.

Ludwig Katzenstein, Hans Mosbacher, Franz Wallach, Eliyahu Maoz und Käthe Katzenstein in Haifa im Jahre 1962

Als er seine Tätigkeit in der Palestine Wool Co. etwas einschränkte, konnte er seine Reisen ausdehnen. Er reiste oft nach Amsterdam, um seinen Sohn Benyamin, dessen Freunde und seine spätere Ehefrau, Elly Drucker, zu besuchen. Diese Besuche waren recht ausgedehnt, oft blieb er mehrere Monate und verkündete in Haifa, dass er zeitweise in Amsterdam lebe. Jährlich erlaubte er sich eine Kur in Deutschland. Dies tat er in Gesellschaft seiner Sekretärin, Fräulein Wilde, die im Alter mehr oder weniger seine Begleiterin wurde. Ob die jährlichen Kuren seiner Gesundheit geholfen haben, ist schwer zu sagen, auf jeden Fall war Hans Mosbacher auch im Alter kaum krank, außer einer kleinen Erkältung erfreute er sich stets bester Gesundheit. Für einen Mann ohne Krankenversicherung ein wahrer Segen. Benyamin erinnert sich an eine Prostataoperation, doch diesen, damals noch größeren Eingriff, überstand er überraschend schnell und ohne einen längeren und teuren Krankenhausaufenthalt. Später plagte ihn ein grauer Star und erschwerte das Lesen erheblich, aber statt sich zu beklagen, verkündete er seinem Sohn freudig: *„Ich kann die Schrift nicht mehr entziffern, also lese ich abends und nachts Bilder. Statt der geschriebenen Worte lese ich die gemalten Bilder."* Das heißt, er holte seine Kunstbücher hervor und betrachtete die Bilder darin, die konnte er noch sehen, während die Buchstaben zu klein waren und vor seinen Augen verschwammen.

Für Hans Mosbacher war das Alter keine Plage. Er verstand es, mit den Einschränkungen zu leben und sie nicht als Makel zu sehen. Stets gab es Frauen, die ihn liebevoll umsorgten, angefangen bei seiner Tochter Miriam, nach ihrer Hochzeit fand er andere, deren Namen nicht alle in das Familiennarrativ eingegangen sind. Aber zwei von ihnen blieben erhalten: Fräulein Wilde, die sicherlich auch viele der Texte, die noch in Benyamins Besitz sind, auf der Schreibmaschine geschrieben hat, und Paula Arnold, eine Wiener Journalistin, die Hans und Aenne Mosbacher im Beit Daniel[88] kennen gelernt hatten und mit der sich Hans Mosbacher nach dem Tod seiner Frau häufig traf. Auch das Beit Daniel hat eine gewisse Beziehung zu Kassel, denn die Gründerin dieses „Künstlerhauses" Lilian Friedlander kam Anfang des 20. Jahrhunderts als junge Frau, damals noch Lilian Bentwich, aus London nach Kassel zu ihrer Freundin Anni Dispecker, um Deutsch zu lernen. Die Familie Dispecker betrieb an der repräsentativen Ecke Friedrichsplatz/Frankfurter Straße eine Ledergroßhandlung und wohnte in den zwei Etagen über dem Geschäft. Siegmund Dispecker, Annis älterer Bruder, war Journalist und Autor der beliebten „Kasseler Spaziergänge", die regelmäßig im „Casseler Tageblatt" erschienen.

So lebte Hans Mosbacher zufrieden und voller Pläne in seiner Wohnung weiter. Dennoch rieten seine Tochter wie seine Freunde zu einem Umzug in ein Altersheim. Dort wäre er gut versorgt, könnte neue Bekannte finden und wäre die Aufgaben des täglichen Lebens los. Aber Hans Mosbacher lehnte einen solchen Umzug entschieden ab, er könne für sich selbst sorgen, schätze seine Freiheit, und wolle in der Wohnung bleiben, in der er seit seiner Ankunft in Haifa lebe. Als Miriam aber nicht nachgab, ließ er sich darauf ein, eine Woche auf Probe in einem Elternheim zu wohnen. Er zog in eins der Häuser auf dem Carmel und fand es schrecklich, genau, wie er es sich vorgestellt hatte: *„Nur alte Leute mit ihren Krankheiten"*. Dort lernte er einen alten Herrn kennen, dem er die Nachteile dieses Lebens so lebendig schilderte, dass dieser um ein Haar wieder ausgezogen wäre. Hans Mosbacher kehrte nach einer Woche Probewohnen in seine Wohnung zurück, zu seinem kleinen Garten, in seine gewohnte Umgebung, und nahm sein normales Leben wieder auf. Mit diesem Experiment hatte sich das Thema in der Familie erledigt. Er blieb bis zu seinem Tod in seiner Wohnung, ohne je bettlägerig oder ernsthaft krank zu sein. 1973, im Alter von 91 Jahren, starb er, nach kurzem Aufenthalt in einem Krankenhaus in Haifa, wahrscheinlich an Altersschwäche.

Beerdigt wurde er, nach seinem Wunsch, im Kibbuz Hazorea: Rabbiner Elk hielt die Ansprache, und rezitierte Goethes „Wanderers Nachtlied II":

Über allen Gipfeln
Ist Ruh,
In allen Wipfeln
Spürest du
Kaum einen Hauch;
Die Vögelein schweigen im Walde.
Warte nur, balde
Ruhest du auch.

Hans Mosbacher liebte dieses Gedicht Goethes ganz besonders. Er hatte es ins Englische übersetzt und Benyamin dann ins Hebräische. Das einzige Gebetswort, das der Rabbiner sprach, war das „Amen", weil er wusste, wie sehr Mosbacher auch dieses Wort geliebt hatte. Aber eine Delegation der Hillel (B'nei Brit) Loge kam, und bat darum, das Kaddish[89] sprechen zu dürfen. Sie erhielten die Erlaubnis und sprachen es. Es war eine würdige Zeremonie, sehr persönlich und feierlich, genau so, wie Hans Mosbacher es sich gewünscht hat. Jisrael Neumark schrieb einen Nachruf im „MB",[90] in dem Hans Mosbacher viele seiner politischen und archäologischen Texte veröffentlicht hatte. Darin hieß es u. a.:

Der Mann, klein an Wuchs, mit den lebensklugen, gütigen Augen, voller Humor ist nicht mehr mit uns. Wie vereinigte er in sich scheinbare Gegen-

sätze: In seiner Geburtsstadt Kassel lebte er mit kleinen Kaufleuten in Stadt und Land. (...) Da war das praktische Erwerbsleben, die Wollwäscherei (...) Da war sein Streben nach Bildung, Kultur, Literatur. (...) Er liebte öffentliches und gesellschaftliches Leben. Früh war er Handelsrichter und im Vorstande der Gemeinde tätig (...) Sein Haus war ein Sammelpunkt für Gäste und Freunde.
All diese Elemente entsprangen seiner großen Menschenliebe, seiner Liebe zum Leben und seinem unbeugsamen Glauben an das Leben. (...) So vereinigte er Gegensätze, war für uns Brücke zwischen Vergangenheit und Gegenwart, zwischen Ewigkeit und dem Augenblick.
So bleibt sein segensreiches Gedenken ein Teil unseres Lebens. Sein Grab im Kibbuz liegt schön, „im Hazoreawald, neben seinem geliebten Sohn Eliyahu Maoz.“

Das Grab ist gepflegt und entspricht durchaus Mosbachers Vorstellungen von einer letzten Ruhestätte.

„Eine Brücke zwischen Vergangenheit und Gegenwart“ – Hans Mosbacher hat es meisterhaft verstanden, die neue Realität in Palästina/Israel nicht am Maßstab Kassel/Europa zu messen. Er konnte die Herausforderungen des neuen Landes annehmen, sich für Neues interessieren. Er konnte staunen, wie ein kleines Kind, sich wundern und dann über seine Verwunderung schreiben und öffentlich sprechen. Die Gegensätze, die er in sich vereinte, waren nicht nur Vergangenheit und Gegenwart, sondern auch eine gewisse staunende Naivität, verbunden mit einem recht nüchternen Geschäftssinn und dem Bedürfnis, analytisch das Neue zu ergründen. Es war immer die Sprache, die es ihm erlaubte, gute und schlechte Zeiten in ein System zu ordnen und zu bannen. Indem er die Wirklichkeit, die er oft nicht verstand, in Worte fasste, einen Witz darüber machte, konnte er Distanz zu den schlechten Ereignissen schaffen, und den guten Ereignissen schenkte er auf diese Art und Weise ein Weiterleben in der Sprache.

Eine Brücke zwischen Vergangenheit und Gegenwart war Hans Mosbacher auch für die nachfolgenden Generationen in seiner Familie. Dieses Buch ist ein konkretes Zeichen der Bindung seines Sohnes an die Vaterstadt Kassel. Aber die Brücke reicht bis in die vierte Generation, die der Ur-Enkel, hinein. Wird ein Enkel oder eine Enkelin Bar bzw. Bat Mitzwah, schenkt Benyamin ihnen eine Reise zu ihren Wurzeln. Sie kommen nach Kassel, besuchen die Gräber ihrer Vorfahren auf dem Alten Jüdischen Friedhof in Bettenhausen, fahren nach Eschwege, machen eine jüdische Stadttour, und lernen, von welchen Menschen sie abstammen. Selbst die Söhne seines Bruders Eliyahu, Yochanan und Oved, haben mit Benyamin „die Kasseler-Vorfahren-Tour" schon gemacht. Die Brücke von Maoz – Israel zu Mosbacher – Kassel ist fest gebaut und trägt die Generationen hin zu ihren Wurzeln.

Hans Mosbacher – Zeuge einer verlorenen Welt in seinen Vorträgen und Artikeln aus dem frühen Israel

Die Texte Hans Mosbachers haben die Zeit überdauert. Benyamin hat sie beim Tod des Vaters in Kisten gepackt und dann in jedes neue Haus mitgenommen. Für Benyamin blieben sie lange ein ungehobener Schatz. Noch heute hat er wenig Geduld mit diesen schwer lesbaren Seiten, die auch noch in einer ihm nicht mehr so vertrauten Sprache geschrieben sind, er kann und will sie nicht lesen. Aber er hob sie auf, bis ich nach Even Yehuda kam und wir uns über die Kartons beugten und jedes Dokument herausholten, anschauten und überlegten, ob es für diese Arbeit nützlich sein könnte. Bei manchen erinnerte sich Benyamin an die Umstände ihrer Entstehung, bei anderen erinnerte er sich nur an das Thema. Irgendwie war ihm die Welt, die sich da entfaltete, fremd und dennoch vertraut. Palästina/Israel gesehen durch die deutsche Sprache, das war für ihn sicherlich ein anderes Israel, als das, welches er kannte. Wie oft rief er aus: *„Schrecklich!"*. Ich weiß bis heute nicht, was dieser Ausruf zu bedeuten hatte. Die Texte, von denen ich meinte, dass sie etwas zum Gesamtbild Hans Mosbacher beitragen könnten, habe ich mitgenommen.

Darunter sind Texte, die in den Immigrantenzeitungen „AJR Information"[91] und „MB" veröffentlicht wurden. Weiterhin sind es Vorträge, die Hans Mosbacher in der Hillel Loge und dem Beth Israel gehalten hat. Thematisch gliedern sie sich in sechs Bereiche:

- Veröffentlichungen in Immigrantenzeitungen zu unterschiedlichen Themen
- England und die Engländer
- Literarische Betrachtungen
- Archäologie des Landes Israel
- Das Land Israel
- Auslandsreisen nach dem Krieg
- Kulturelles

Veröffentlichungen in Immigrantenzeitungen zu unterschiedlichen Themen

Regelmäßig schrieb Hans Mosbacher Beiträge für englisch- und deutschsprachige Immigrantenzeitungen. So erschien in der englischsprachigen „AJR Information" im August 1948 ein Artikel über die Stimmung im neugegründeten Staat Israel, als am 14. Mai 1948, nach der Verkündung der Staatsgründung, zum ersten Mal in Haifa die israelische Flagge gehisst wurde. Mosbacher erinnert sich in diesem Beitrag, wie 1933 in Kassel von einem brutalen Mob die rote Fahne mit dem Hakenkreuz gehisst wurde, und die Menschen schweigend und verängstigt dabei standen, während die Menschen in dem neugegründeten Staat tief bewegt aber ohne stürmischen Jubel diesen symbolischen Akt begleiteten. *„All were aware of the historic significance of the hour, but not less of the hard necessity to defend the existence of the new-born state"*. Mosbacher fährt fort, die bereits eingetretene „Israelisierung" der Stadt Haifa zu beschreiben, die verlassenen arabischen Häuser, die stolzen jungen israelischen Soldaten und Soldatinnen, berichtet aber auch über Gespräche mit arabischen Bürgern, die enttäuscht aus dem Libanon zurückgekehrt sind. Der Artikel endet mit einem Appell für eine wirtschaftliche Union in der Region. *„Responsible people do not forget that our new small state is economically linked to a larger Middle East, and must cultivate mutually advantageous relations with the Arab Palestine sector and the neighbouring countries"*. Bei allem Enthusiasmus über den neugegründeten Staat spricht aus diesem Artikel doch die Erkenntnis, dass mit der Staatsgründung eine gewisse Verantwortung für die arabische Bevölkerung im Land und der Region verbunden ist, aber gleichzeitig der Staat in seiner Existenz weiter bedroht bleibt.

Ein zweiter Artikel soll hier noch erwähnt werden. Er ist im „MB" am 18. Juli 1966, Hans Mosbacher war immerhin schon 84 Jahre alt, erschienen.[92] Unter dem Titel „Die Gesinnung des Volkes im Nazireich" berichtet er über Hartmut Jäkels Rezension von Heinz Boberachs „Meldungen aus dem Reich. Auswahl aus den geheimen Lageberichten des Sicherheitsdienstes der SS 1939–1944", eine Rezension, die im Mai 1966 in der Zeitschrift „Monat" erschienen war. Es ist bemerkenswert, dass im fernen Palästina, lange vor der Zeit globaler Vernetzungen, Jäkels Rezension überhaupt wahrgenommen wurde, während sie in der Bundesrepublik weitgehend ohne größere Resonanz blieb. Hans Mosbacher, dessen Haltung zu Deutschland bisher eher einseitig positiv und kritiklos zu sein schien, hatte, wie dieser Artikel beweist, eine durchaus differenziertere Einstellung zu Deutschland. Die Rezension Jäkels und Boberachs Veröffentlichung weckten sein Interesse, weil sie die Einstellung der einfachen Menschen zum Nationalsozialismus, zu Hitler und der Vernichtung der Juden auf der Basis von Dokumenten wissenschaftlich belegen. Otto Ohlendorf, verantwortlich für die Erstellung der „Meldungen aus dem Reich", hatte einen Dienst aufgebaut, dem hunderte Hauptamtliche und ungefähr 30.000 Freiwillige Berichte über die aktuelle Stimmung in der Bevölkerung während der Kriegsjahre lieferten. Aus diesen Berichten ging nicht nur hervor, und Mosbacher betont dies besonders, wie die Bevölkerung Hitlers Regime in den Jahren der Siege mit stürmischer Begeisterung unterstützte, sondern auch das Entsetzen der Deutschen über die Flucht von Rudolf Hess, und ihre große Anteilnahme an den Schicksalsschlägen, die den Führer trafen, und – ganz allgemein – *„das hoffnungslos unpolitische Verhältnis zum Machthaber"*, das die Massen charakterisierte. Mosbachers ganz besonderes Interesse findet *„die ungeheuerliche Indifferenz den jüdischen Mitbürgern gegenüber – ihre in aller Öffentlichkeit erfolgte Verfolgung hatte ja schon vor Beginn des Krieges eingesetzt, und diese Indifferenz ist ein nicht wegzuleugnendes moralisches Versagen, eine Schuld."* Obwohl der Artikel den Eindruck vermittelt, dass Mosbacher sich bemüht, nur die Fakten sprechen zu lassen und seine emotionale Beteiligung außen vor zu lassen, schließt er mit einem für ihn doch recht deutlichen Urteil über die deutsche Bevölkerung während der Nazi-Herrschaft: *„Jedenfalls enthüllen die ‚Meldungen' ein unfassbares moralisches Versagen der breiten Massen des deutschen Volkes, dem Betörung, blinder Gehorsam und ein völliger Mangel an festen politischen Maßstäben zugrunde liegen."* Trotz aller Begeisterung für Deutschland und seine Kultur verschloss Hans Mosbacher seinen Blick nicht vor der Tatsache, dass all diese Kultur und auch die Bildung die Bevölkerung vor der Verblendung und Barbarisierung nicht bewahrt hatte.

Viele der Vorträge, Essays und Texte sind nicht datiert, so dass man das korrekte Datum nur erahnen kann. Oft gibt ein Datum auf der Rückseite des Geschäftspapiers einen kleinen Hinweis, oder man kann aus dem Kontext einen ungefähren Zeitrahmen ermitteln. Alle Texte wurden in Palästina/Israel zwischen 1944 und 1969 geschrieben. Die Vorträge und Essays illustrieren den Satz des Nachrufs von Jisrael Neumark: *„Für uns war er Brücke zwischen Vergangenheit und Gegenwart, zwischen Ewigkeit und Augenblick."*[93] Sie zeigen etwas von der europäischen Seite Israels, dem Europa, aus dem die meisten Bürger des Landes kamen. Hans Mosbacher versuchte darin, ausgehend von einem speziellen Thema etwas Allgemeingültiges zu formulieren. Aus den verschiedenen Themenbereichen möchte ich einige Texte paradigmatisch in die Geschichte einbinden.

England und die Engländer

Hans Mosbacher, der als junger Mann zwischen 1904 und 1907 in Bradford seine berufliche Ausbildung fortsetzte, blieb Zeit seines Lebens ein großer Bewunderer Englands, der Menschen, der Kultur, ja selbst der englischen Küche. Zeitlebens liebte er *„porridge, marmelade, mint sauce, yorkshire pudding und roast beef"*. Zwei Vorträge, die er in der Gemeinde Beth Israel der Hillel Loge hielt, sind komplett erhalten geblieben. Der über Leben und Wirken Winston Churchills, der andere über „Englische Charakteristika". Beide Vorträge datieren noch aus der Zeit der englischen Mandatsregierung, einer Zeit, in der die Lage zwischen der Mandatsregierung und den nationalgesinnten oder zionistischen Juden in Palästina schon sehr angespannt war.

Der erste Vortrag, *Englische Charakteristika,* existiert in zwei Abschriften, die im Wortlaut fast identisch sind. Beide sind auf der Rückseite von Rechnungen an die „Palestine Wool Co." geschrieben, die berühmte „Kasseler Sparsamkeit", auch sie hat die Zeit überdauert. Die ältere Version enthält viele handschriftliche Korrekturen, und einen anderen Titel: *Englisches Volkstum.* Das Wort „Volkstum" hat, seit es die Nationalsozialisten derart missbraucht haben, einen unanständigen Nebenklang. Und so wählte Mosbacher für die zweite und öffentliche Fassung den neutraleren Titel *Englische Charakteristika.*

Es ist ein völlig unpolitischer Vortrag in einer hoch politisierten Zeit. Aus ihm sind jedoch Mosbachers Absichten klar erkennbar, nämlich, mehr Verständnis für die Engländer und ihre Politik bei den Juden im Land zu wecken, und gängige Stereotypen und Vorurteile abzubauen.

> *In unseren Zusammenkünften hier wollen wir uns von Politik im Allgemeinen fernhalten und gewiss keine palästinensischen Parteifragen erörtern, – es müssten denn solche sein, die sich auf unsere religiöse Einstellung beziehen. Dagegen dürfte es ganz angebracht und nützlich sein, unsere Beurteilung Englands, des Engländers, englischer Verhältnisse und Kultur einmal unter die Lupe zu nehmen. Denn es ist gewöhnlich so, dass wir Juden hier zu geneigt sind, alles durch unsere jüdische Brille zu betrachten;*

es herrscht in der Beziehung eine Art englische Krankheit. Das gilt besonders für die Zahlreichen, die England nicht aus eigner Erfahrung kennen und ihr Urteil nur an den Engländern hier im Land oder an den oft in ihren Motiven missverstandenen Maßnahmen der Mandatsregierung bilden.

Mosbacher ist sich durchaus bewusst, wie fragwürdig es ist, Nationen zu charakterisieren, und wie schnell Vorurteile entstehen können. Deshalb versucht er, in diesem Vortrag, mit „Tatsachen", wie er es nennt, Verständnis für die Engländer zu wecken. Und zu diesen Tatsachen, die er als Zeugen für seine Argumente aufruft, zählt für ihn selbstverständlich zuerst die Kultur. Er beginnt mit einem kurzen Überblick über die englische Malerei und Musik und kommt zu dem Schluss, dass in diesen beiden Kunstrichtungen das „Unreale", Übersinnliche, jede Form des Sich-Herumquälens mit Problemen, Theorien und Systemen radikal abgelehnt werde.

Der englische Künstler steht praktisch auf der Erde, er nimmt die Dinge wie sie sind, sucht nicht nach dem, was dahinter steht, etwa nach der Idee im platonischen Sinn.

Der Roman wird in England, so Mosbacher, mehr geschätzt als andere literarische Gattungen, weil es sich vor allem um einen Gesellschaftsroman handelt, der die Gesellschaft genauestens beobachtet, analysiert und anprangert. Thackery, Steele, oder die Brontës beschreiben das Leben und die Leiden der wohlhabenden Schichten; Dickens oder Priestley das soziale Elend des aufkommenden Industriezeitalters. Der englische Roman spiegelt das reale Leben wider. Selbst die Ausnahmen, wie Virginia Woolf, oder die Iren Yeats, Shaw and Joyce, die Mosbacher natürlich kennt, bleiben im Thema, wenn auch nicht im Stil, nahe an der täglichen oft hässlichen Realität.

Er fährt fort, den Realitätssinn im Pressewesen und im englischen Humor zu beschreiben. Mosbacher erweist sich als exzellenter Kenner des englischen Schrifttums. Aus der Grundannahme, dass in England die praktische Vernunft vor der Metaphysik herrscht, entwickelt er einen Exkurs über das Kunsthandwerk und die Garten- und Innenarchitektur, die Vorbild für ganz Europa waren. Aus dieser Beschreibung von Kunst und Kunsthandwerk deduziert er:

... einen Wirklichkeitssinn, aber auch (einen) sich den gerade maßgebenden Umständen anpassenden Opportunismus, sowie ein mangelndes Verständnis für idealistisch gerichtete Strömungen, einen Widerstand gegen Ideologien und Lehren wie z. B. der sozialistischen.

So findet er den Übergang zur Politik und zur Lehre von Marx und Engels, die, obwohl in England niedergeschrieben, in dem Land, in dem Großindustrie und Proletariat sich früher als auf dem Kontinent entwickelten, kaum einen Widerhall fanden. Auf subtile Weise versucht Mosbacher, ausgehend von der Kunst, die englische Kolonialpolitik zu erklären. Er sieht in der englischen Politik, ebenso wie in der Kunst, *„eine praktische opportunistische Organisationsstruktur"*. Englische Politik wird nicht von weitreichenden Zukunftszielen geleitet, nicht von einem so genannten Staatssozialismus, sondern von dem Naheliegenden, dem Praktischen, Opportunistischem. Das gilt, so Mosbachers Erklärung, ebenso für die der Mandatsregierung.

In ähnlicher Weise fasst die politische Leitung Englands das Naheliegende ins Auge, in der inneren wie in der Außenpolitik. Das macht auch ihre Schwankungen erklärlich, z. Bsp. dem zionistischen Problem gegenüber. Keine Nibelungentreue, kein tausendjähriges Reich, sondern eine mit den Gegebenheiten rechnende Politik, wozu als Imponderabilie ein Faktor kommt: der freiheitsliebende, wirklich demokratische und beharrliche Charakter des Engländers.
Denn der zweifellos bedeutendste Faktor im Wesen des Durchschnittsengländers ist sein Demokratismus, d. h. die Freiheitsliebe des Einzelnen, die sich der Allgemeinheit, der von diesen Einzelnen kontrollierten, und ihnen verantwortlichen Executive selbstverständlich unterordnet.

Der tiefe Sinn für Demokratie äußert sich im täglichen Leben, mit „fairness" auf jeder Ebene, betont er immer wieder. Der schwankenden englischen Palästina-Politik stellt Mosbacher die deutsche Eigenschaft „Nibelungentreue" oder gar das „Tausendjährige Reich" als negative Beispiele gegenüber, neben denen, nach dem was geschehen ist, jede Schwankung in der Politik nur positiv gewertet werden kann. Ein starkes Selbstbewusstsein, geboren aus der demokratischen Tradition, erklärt für Hans Mosbacher den englischen Konservatismus, in Sitten und Gebräuchen, wie dem Festhalten an der Monarchie in einer Demokratie, der Krönungszeremonie, dem Tragen von Perücken im Parlament.

Mosbacher, der Bewunderer englischer „fairness“, schließt ganz selbstverständlich seinen Vortrag mit der in demokratischen Staaten üblichen Formulierung, es sei durchaus berechtigt, an Englands Palästina-Politik Kritik zu üben. Er spricht den Hochmut, den Egoismus, die selbstsüchtigen Bestrebungen der Bürokraten an, ebenso wie die englische Eigenschaft praktische Tüchtigkeit jederzeit der geistigen Bildung vorzuziehen. Diese allgemein gehaltene Kritik scheint aber eher eine rhetorische, als eine ernst gemeinte zu sein. Mosbacher erwähnt die restriktive Einwanderungspolitik Englands, die vielen jüdischen Flüchtlingen das Leben kostete, mit keinem Wort, sondern subsumiert alles unter dem allgemeinen Begriff *„Licht und Schatten, Positives und Negatives wie im Charakter jedes Volkes.“* Es ist eben ein unpolitischer Vortrag mit einem eher pädagogischen als politischen Ziel. Ein Vortrag um: *„Vorurteile zu bereinigen, und die Dinge auch einmal von der andern Seite zu sehen.“*

Der zweite längere Text zu Winston Churchill ist ein Bericht über Churchills politische Karriere und weitaus politischer. Hier berichtet Mosbacher über die verschiedenen Erfolge und Misserfolge des englischen Politikers und entfaltet damit ein Bild der europäischen Landschaft vom Anfang des 20. Jahrhunderts bis in die 40er Jahre hinein. Es ist ein Bericht, der sich jedes Kommentars enthält, und dennoch spürt der heutige Leser eine eindeutige Verehrung für den Politiker, der Europas Politik so maßgeblich beeinflusst hat. Mosbacher konzentriert sich vor allem auf die Außenpolitik Churchills, seine Haltung zu Hitler-Deutschland, Italien, Frankreich und Russland. Er zitiert lange Passagen aus Briefen auf Englisch und kommt zu folgendem Schluss:

> *Die Entwicklung hat klar die Richtigkeit seiner Erkenntnis und der Folgen, die er daraus zog, seines unermüdlichen Wirkens und Warnens bewiesen. Leider.*

Der Abschnitt über die Palästina-Politik Churchills ist besonders interessant. Ich zitiere ihn hier in Gänze:

> *Nur eins sei noch erwähnt: Churchills Stellung zu Palästina. Er verurteilt schärfstens die schwankende Politik Englands, unter der das Land so lange gelitten habe. Er kennt die Not der Juden, weiß was Erez Israel ihnen bedeutet, was sie für Erez geworden sind. Er ist ja der Interpret des Mandates im Weissbuch gewesen; er ist ein entschiedener Gegner der Teilung in 2 nicht lebensfähige Kleinstaaten, die sich feindlich gegenüber stehen müssen.*

Er tritt für eine zielbewusste Politik ein, die die jüdische Gemeinschaft schützt, aber mindestens 10 Jahre die Einwanderung drosselt. Er hofft auf eine gemeinsame jüdisch-arabische Arbeit zur Förderung des Landes.

Mosbacher versucht, die in Palästina heftig kritisierte Politik Churchills vor seinen Hörern zu rechtfertigen und ändert damit seinen Stil. Im Allgemeinen ist sein Satzbau abwechslungsreich und von langen Satzperioden geprägt. In diesem Abschnitt jedoch verfällt er in einen ganz simplen Nominalstil. Jeder Satz beginnt mit dem Personalpronomen „Er". Mosbacher ist in diesem Text nicht mehr der neutrale Berichterstatter oder Beobachter, vielmehr lässt er sich von seinen eigenen Präferenzen leiten. Churchill ist sein „Held", eine Lichtgestalt, die die erniedrigende Politik der Kolonialmacht Englands nicht mitträgt. Bei all dem Enthusiasmus für Winston Churchill vermeidet Mosbacher auch hier den Zündstoff, der in der restriktiven Einwanderungspolitik Englands enthalten ist, die Churchill zum großen Teil mit verantwortet hat. Mosbacher kennt sehr wohl den hohen Stellenwert, den die „Heimkehr" nach Erez-Israel im jüdischen Denken hat, aber seine Bewunderung für die große Persönlichkeit Churchills verstellt ihm den Blick für die Realität und lässt blinde Flecken entstehen. Obwohl Mosbacher Zeit seines Lebens Journalist sein wollte und auch bescheidene Erfolge auf diesem Gebiet hatte, war er kein politischer Journalist, der Politik analysierte. Er blieb eben ein Feuilletonist alter Schule.

Archäologie des Landes Israel

Mosbachers Interesse an der Archäologie des Landes geht zurück auf die erste Palästina-Reise, 1934. Schon damals besuchte er die Ausgrabungsstätten und berichtete davon bei seiner Rückkehr. Die drei späteren Texte zu archäologischen Themen stammen alle aus der Zeit nach der Staatsgründung, also nach 1948; auch sie haben kein Datumsvermerk. Sie sind alle auf Vortragslänge konzipiert, d. h. sie umfassen ungefähr 5 bis 7 DIN-A4 Seiten. Ihre Titel lauten: *Archäologisches vom Karmel, Die Bedeutung neuer archäologischer Funde im Lande* und *Heilige und biblische Stätten – Eine archäologische Betrachtung.*

Die vor allem englischen Publikationen zu den archäologischen Arbeiten las Mosbacher in den ihm zugänglichen Quellen, machte sich Notizen, besuchte Vorträge über neueste Entdeckungen, und sah sich die archäologischen Exponate in den Museen und öffentlich zugänglichen Sammlungen an. Wann immer es ihm möglich war, fuhr er zu den Ausgrabungsstätten selbst und unterhielt sich mit den Archäologen und Arbeitern vor Ort. Sein Interesse an der Archäologie des Landes war historischer Natur, fördert sie doch zu Tage, was die biblischen Geschichten über die Israeliten erzählten.

Die Vorträge selbst sind Berichte über diese Entdeckungen und die Arbeit an den Ausgrabungsstätten; er nennt die Orte, beschreibt die Funde, und erwähnt die verschiedenen Ausgrabungsleiter und deren Theorien. Während am Anfang des 20. Jahrhunderts die Ausgrabungen fast ausschließlich von britischen, französischen und deutschen Archäologen, oder auch von katholischen Orden geleitet wurden, übernahmen, vor allem seit der Gründung der Hebräischen Universität in Jerusalem in den 20er Jahren, immer mehr jüdische Forscher und Organisationen diese Arbeit. Mosbachers Vorträge sind so etwas wie Dokumente jüdischer archäologischer Arbeiten in den 50er und 60er Jahren und dokumentieren das stets wachsende Interesse der Bevölkerung an diesen Arbeiten. Aber er geht auch über das rein Dokumentarische hinaus und bemüht sich, die Archäologie als die Wissenschaft darzustellen, die die „Verwurzelung" der Menschen in Israel verfestigen kann und das für die unterschiedlichsten Gruppen.

> *Abgesehen von den praktischen Erwägungen, die uns die Ergebnisse archäologischer Arbeit ermöglichen (die Besiedelung des Negev, damals ein viel diskutiertes Thema. Ausgrabungen hatten eine frühere dichte Besiedelung des Nord-Negevs entdeckt), gibt es eine nicht weniger wichtige psychologische Seite der Anteilnahme an diesen Erforschungen. Es handelt sich hier um die Überbrückung der Kluft, die uns, den heutigen Israeli von seiner Vergangenheit trennt. Es handelt sich nicht nur um die Befreiung des Bodens, nicht nur um das praktische Bodenständigwerden, sondern auch um die seelische Verwurzelung in diesem Boden. Und dazu dient die Freilegung der Wurzeln, der geschichtlichen Wurzeln, die der Boden unseres Landes birgt. Wir knüpfen nach Jahrtausenden, durch die Verlebendigung der Vergangenheit, an dieses wieder an – durch die Aufdeckung der Geschichte des Landes. Unserer Geschichte, unseres Landes. Und nicht nur, dass die Bibel-Archäologie Vielen wieder das Interesse an der Bibel, wieder den Zugang zur Bibel gegeben hat, auch die alt-israelitischen Bauern und Krieger haben wieder eine höchst aktuelle Bedeutung gewonnen. Durch die archäologischen Enthüllungen wird der ideologische Zionismus seelisch untermauert und gefestigt und damit die Staatsgesinnung.*

Mosbacher wird nicht müde zu betonen, dass für die streng Religiösen, für die Palästina stets das Land ihres Sehnens war, – für die alten Zionisten, die im erstrebten und realisierten Staat endlich ihr Ideal fanden, die geistig-seelische Verwurzelung leichter sei, als für die vielen Anderen, die große Mehrheit, die nicht aus zionistischer oder aus religiöser Überzeugung ins Land kamen, sondern als Vertriebene, und erst langsam ein nationales Bewusstsein entwickeln. Für sie ist die Archäologie die Wissenschaft, die ihnen beweist, dass es sich in Palästina/Israel nicht nur um einen beliebigen Zufluchtshafen handelt, der ebenso gut Australien oder Südafrika hätte sein können, – sondern um ihre alte Heimat. Die Archäologie zeigt ihnen, dass das, was sie in ihrer Jugend als „biblische Geschichte" als Geschichte der Kinder Israels im Religionsunterricht gelernt haben, und das in verschwommenen, vagen Bildern in ihren Köpfen hindämmerte, in die allgemeine Zeitgeschichte eingereiht werden kann. In diesem Zusammenhang verweist er auf den sensationellen Fund der ältesten hebräischen Bibelfragmente, die in den zerklüfteten Berghängen bei Qumran am Westufer des Toten Meeres 1947 in einer Höhle gefunden wurden. Mosbacher erkennt den großen Nutzen, den die Archäologie für die Menschen darstellen kann, die sich gern durch Fakten überzeugen lassen. Für sie erweckt und unterbaut die Archäologie das historische Empfinden, – sie öffnet ihre Augen dafür, dass ihre eigenen Vorfahren vor 2000 Jahren in diesem Land gelebt haben. Es geht Mosbacher vor allem um die emotionale Bindung an das Land, die er bei vielen deutschen Juden noch vermisste. *„Und deshalb, meine ich, lohnt es sich auch in unseren Kreisen, sich mit dieser Enthüllungsgeschichte zu befassen."*

Für ihn ganz persönlich hatte die Archäologie eine Stellvertreterfunktion für das öffentliche kulturelle Leben, an dem er nicht teilnehmen konnte. Er konnte nicht ins Theater gehen, weil er kein Hebräisch verstand. Er konnte die Literatur des Landes nicht lesen, weil er die Sprache nicht beherrschte. Aber die Veröffentlichungen zur Archäologie waren auf Englisch, so dass er sich auf dem Laufenden halten konnte und durch die englische Sprache im Land Wurzeln schlug. Seiner Meinung nach befreite die Archäologie das Land aus seinem „kulturlosen" Schlummer, indem sie die alte verschüttete Kultur des Landes wieder ans Licht brachte.

Obwohl seine Aussagen recht nationalistisch, chauvinistisch klingen, ging es Mosbacher in keiner Weise darum, durch die Archäologie jüdische Besitzansprüche zu legitimieren. Für ihn ist es selbstverständlich, dass arabische und jüdische Israelis in einem Staat Israel friedlich nebeneinander leben und ihre heiligen Stätten gegenseitig ehren und respektieren. Politisch orientiert er sich an „Brit Shalom“ und vertritt, wie Ernst Simon[94] und Martin Buber, die Idee eines binationalen Staates.

So streift Mosbacher die nach der Staatsgründung sehr aktuell gewordene Frage des Schutzes der Heiligen Stätten der drei monotheistischen Religionen, die mit dem Schicksal Jerusalems so eng verknüpft sind. Er beschreibt die Heiligtümer der drei Religionen. Zuerst die jüdischen Stätten – den Tempelberg und Tempelplatz, die Klagemauer, die Davidstadt usw. Für ihn besteht kein Zweifel daran, dass hier eine ununterbrochene jüdische Geschichte stattgefunden hat, vom Salomonischen Tempel an bis zur Zeit des Herodes. Bemerkenswert ist aber, dass diese Feststellung ohne jeden alleinigen Besitzanspruch geäußert wird. Archäologisch ist bewiesen, dass hier jüdische Geschichte, auf den Spuren vorjüdischer Kulturen, stattgefunden hat. Diese Feststellung lässt ihn dennoch den heutigen Felsendom akzeptieren und als legitimes Kulturgut des Islam ansehen. Er stellt nur fest und erhebt keinen Besitzanspruch.

Ähnlich wie mit den jüdischen Spuren und Ausgrabungen geht er mit den arabischen Heiligtümern um, rein historisch, ohne Polemik. Er bemerkt, dass Mohammed Jerusalem als heilige Stadt erklärte, als er noch hoffte, die Juden und Christen zum Islam zu bekehren, um von ihnen als der letzte der Propheten anerkannt zu werden. Als dies fehlschlug, so Mosbacher, wendete Mohammed sich ab von Jerusalem und hin zu Mekka und Medina. Jerusalem wurde also nur zur heiligen Stadt der Araber wegen des legendären Nachtfluges Mohammeds von Mekka nach Jerusalem und sein anschließender Aufstieg auf dem Flügelross vom heiligen Felsen aus durch die sieben Himmel hindurch. Seither harrt der Felsen seiner Rückkehr. Trotz dieser Verbindung, so Mosbacher, habe Jerusalem im Islam nie den zentralen Platz eingenommen, den Mekka und Medina haben. Das war 1955! Als letztes spricht Mosbacher von den christlichen heiligen Stätten.

> *Der Grund zum Christentum ist ja ausschliesslich in Palästina gelegt worden, wenn es auch seine endgültige Form erst später im griechisch-römischen Kulturkreis gefunden hat.*

Er nennt alle Orte, die in der christlichen Heilsgeschichte Bedeutung erhalten haben und mit dem Religionsgründer, seinen Schülern und Anhängern verbunden sind: die Grabeskirche, die Hinrichtungsstätte, die Geburtskirche in Bethlehem, den Berg der Seligpreisungen usw. Doch obwohl, so Mosbacher, diese Überlieferungen keinerlei sachliche Beweise, etwa Inschriften, aufweisen können, so hat die Tradition, die im Laufe der Jahrhunderte an diesen Stätten entstanden ist, bei Christen zumindest eine starke psychologische und emotionale Bindung entstehen lassen, eine Bindung, die auch ihre Legitimität hat. Aber auch eine Bindung *„um die Ströme von Blut geflossen sind, die ihre Spuren im Land an vielen Orten hinterlassen haben."* Mosbacher, treu seiner liberalen Gesinnung, spricht keiner der drei Religionen die Legitimität ihrer Heiligen Stätten ab.

Sorgen bereitet ihm allerdings die Instrumentalisierung der religiösen Heiligtümer zu politischen Zwecken. Er erkennt, dass Jerusalem der Schlüssel zu einem friedlichen Miteinander der drei Religionen ist, jedoch auch in einem politischen Machtkalkül missbraucht werden kann. Diplomatisch wie er ist, äußert er sich nicht darüber, welche der drei diese Stätten politisch benutzt. Sind es die Juden, die Engländer, die Araber oder die Christen?

Aus heutiger Perspektive betrachtet, vernachlässigt Mosbacher zwei wichtige Faktoren in dieser Frage. Erstens die Fähigkeit der Politik zur Mythenbildung, zur Mythologisierung und zweitens das Bedürfnis der Menschen nach solchen Gründungsmythen. Heutzutage wissen wir, dass der Felsendom mit dem legendären Felsen, so nah dem Tempelplatz, sich natürlich viel besser zur Mythologisierung eignet als Mekka oder Medina. Heute, fast sechzig Jahre danach, und in einer Zeit in der eine baldige Lösung des Konflikts in weiter Ferne scheint, interessieren diese Ausführungen Mosbachers, weil sie eine Zeit beleuchten, die noch sehr stark vom kolonialistischen Denken geprägt war. Europäisch rational und aufgeklärt konnte Mosbacher die sich entwickelnden Probleme noch gar nicht erkennen.

> *Die Archäologie kann enorm viel zur wissenschaftlichen Klärung der Geschichte und Geographie des antiken Palästinas und des biblischen Judentums beitragen. Was sie nicht kann, ist zu erklären warum gerade bei Israel und gerade in Palästina der jüdische Glaube Form und Vollendung gefunden hat und hierdurch unser Land zum Mutterboden der westlichen religiösen Entwicklung überhaupt geworden ist. Aber sie kann, wenn es überhaupt möglich ist, diesem einzigartigen Phänomen vernunftgemäß beizukommen, zeigen, unter welchen Verhältnissen und unter welchen Beeinflussungen der jüdische Geist seine besondere Prägung erhalten hat.*

Für Mosbacher ist die Archäologie ein essentieller Baustein in der *„Vereinheitlichung des noch so heterogenen Volkes"*. Eine gemeinsame Vergangenheit und eine gemeinsame Sprache sind für ihn der Kitt einer Nation. Und es ist seine Hoffnung, dass die so unterschiedlichen Einwanderergruppen durch das Wissen um diese gemeinsame Vergangenheit miteinander zu einem Volk verschmolzen werden. Hier streift er das Problem, das heute unter den verschiedenen Namen wie: „Kulturkampf in Israel“ oder „Tel Aviv gegen Jerusalem“ oder „Säkulare gegen Fromme“ oder auch „Ashkenasim gegen Sephardim“[95] in aller Munde ist. Die Probleme, die heute so virulent im Land Israel ausgebrochen sind, ahnte er vielleicht, aber die ungeheure Sprengkraft, die sie enthielten, konnten die meisten europäischen Einwanderer seiner Generation noch nicht in all ihrer Schärfe erkennen. Im Nahen Osten dachten sie europäisch und boten europäische Lösungen an.

Aus Mosbachers Vorträgen spricht ein Vertreter der Aufklärung in seinem unerschütterlichen Glauben an die Wissenschaft und ihre Überzeugungskraft. Sie sind geprägt von dem Glauben an die Kraft der Ratio; ein Beispiel für „die Dialektik der Aufklärung“. Die Kehrseite der Wissenschaft, die Mythologie, die nicht von der Ratio, sondern von Gefühlen und Sehnsüchten gespeist wird, hat in seinem Denken keinen Raum.

Was bleibt?

Hans Mosbacher, ein jüdischer „Hans-im-Glück“, ging von Kassel nach Haifa. Er nahm die deutsche Kultur, die deutsche Sprache und sein deutsches Leben als „portatives Vaterland“ mit in das neue Land. Alle drei halfen ihm, sich dort anzupassen, und die neuen Lebensumstände auf seine Art zu verstehen und zu akzeptieren. Er war ein Vertreter des bürgerlichen deutschen Judentums, das es so nie wieder geben wird. Sein spielerischer, ironischer Umgang mit der Sprache, die fein ziselierten Formulierungen, nie verletzend, doch stets treffend, so typisch für das bürgerliche Judentum in Deutschland, gibt es auch nicht mehr. Sie sind, wie der Herkules in dem verlorenen Theaterstück, „nach Haifa gegangen“ und leben nur noch in der Erinnerung einiger Weniger fort. Bald werden auch sie verstummen.

Die Enkelkinder, die Hans Mosbacher noch so liebevoll in dem Gedicht zu seinem 90sten erwähnt, können seine Sprache nicht mehr. Wenn sie seine Heimatstadt besuchen, brauchen sie einen Dolmetscher. Seine Worte und seine Art, das Land Israel zu erleben, endet mit der Generation seiner Kinder und deren Freunden, sie alle haben die 70 überschritten. Sie sind die letzten Zeugen einer untergegangenen Welt.

Zusammen mit Benyamin habe ich versucht, diese vergessene, verdrängte jüdische, aber auch deutsche Geschichte zu vergegenwärtigen. Die Buchhandlungen und Bibliotheken sind voller Bücher und Berichte über die Vernichtung der Juden, die furchtbaren Bilder verfolgen uns. Denkt man in Deutschland an Juden, tauchen sogleich die Schreckensbilder wieder auf, „ein glücklicher Jude“, das scheint ein Widerspruch in sich zu sein. Mit diesem Bericht wollte ich auch das Jüdische herausholen aus dem Getto des permanenten Unglücks, und den „glücklichen Juden“ als Legende in die Welt setzen.

Hans Mosbacher war ein glücklicher Jude.

Nachwort

Ich bin sehr dankbar und glücklich, dass es meiner Freundin Eva Schulz-Jander gelungen ist, aus all den mündlichen und schriftlichen Fragmenten ein ganzes Bild von meinem Vater, Hans Mosbacher, zu malen; ein ganzes Narrativ von ihm zu erzählen.

Sie fragt in diesem Buch immer mal wieder, warum ich meinem Vater dieses Denkmal setzen wollte, und warum ich meine eigenen Emotionen und Erlebnisse verberge? Ich weiß natürlich zum Teil, warum ich so gehandelt habe, ein Teil ist unbewusst.

Vieles in der Geschichte meines Vaters ist auch meine Geschichte. Vielleicht habe ich mich hinter der seinen versteckt, oder war das eine indirekte Form, um auch über mich selbst zu erzählen?

Ich habe zwei Wurzeln: eine jüdisch-israelische, und eine europäische. Meine Muttersprache ist Deutsch und diese Sprache wurde ja bei uns zu Hause weiter gepflegt und gefördert. Meine Schulsprache aber war Hebräisch, und dies ist die Sprache, in der ich am besten schreibe und lese. Die Sprache meines medizinischen Studiums war Holländisch und meine Frau, Elly, ist in Holland geboren. Die Sprache des Faches Literatur und der Veröffentlichungen war Englisch.

Aber es ist ja nicht nur die Sprache, um die es geht, sondern um die Identität und den kulturellen Hintergrund.

Meine Identität ist auf der einen Seite jüdisch: Ich bin sehr stark mit der jüdischen Tradition, und im gewissen Sinne auch mit der Religion, verbunden und habe mich immer für jüdische Geschichte, die jüdische Bibel, den Talmud und die moderne hebräische Literatur interessiert; ich fühle mich (trotz scharfer Kritik) mit dem Staat Israel verbunden und bin dort zu Hause.

Auf der anderen Seite sind europäisch-westlicher Humanismus, Liberalismus, Kunst, Philosophie und Demokratie sehr wichtig für mich und diese sind wirklich ein zweiter Teil meiner Identität. Ich bin sicher, dass bei meinem Vater der „europäische" Teil noch stärker und ausgeprägter war, als bei mir. Dass er durch die Sprachschwierigkeiten die jüdisch-israelische Wurzel niemals so erleben konnte, wie ich sie erlebte und erlebe.

Ich komme oft nach Deutschland und auch nach Kassel und habe in Deutschland einige gute Freunde gefunden. Ich arbeite in Deutschland regelmäßig mit Kollegen zusammen, in meinem Fach Psychiatrie, vor allem in der Psychotherapie und bei der Leitung von Balint Gruppen.

Ich betrachte es als eine wichtige Aufgabe, einen gewissen Teil der Kultur Israels und die aussterbende Welt des früheren deutschen Judentums nach Deutschland zu bringen – gleichzeitig aber auch die guten und für mich wertvollen Teile der deutschen und europäischen Kultur in Israel zu vertreten. Ich bin also auch eine Art Brücke.

So lange ich in Holland studierte, konnte und wollte ich nicht nach Deutschland kommen. Meine Frau, meine Schwiegereltern und mein Schwager waren im Konzentrationslager Theresienstadt. Viele Verwandte von meinen besten Freunden sind durch die Nazis ermordet worden. Damals in den 50er Jahren war Deutschland für viele (sicher holländische) Juden noch ein Tabu.

Ich bin im Jahre 1969, im Alter von 40 Jahren, zum ersten Mal wieder nach Kassel gekommen. In dieser Stadt, in der ich geboren bin, lebte niemand mehr, den ich früher, vor dem Krieg, gekannt habe! Ich suchte die Vergangenheit und fand sie auf dem Jüdischen Friedhof, in der Fassade von gewissen Häusern und Gebäuden die nicht zerstört waren, in manchen von früher liegen gebliebenen Straßenpflastern, in noch stehenden Bäumen. Natürlich in Wilhelmshöhe und dem Herkules und sicher in der wunderbaren Bildergalerie, an erster Stelle „Jakobs Segen" von Rembrandt; ich hatte das Gemälde mit meiner Mutter als 7-jähriges Kind zuerst gesehen. Ich fand die Vergangenheit auch in manchen Straßennamen, Straßenbahnen, die oft noch dieselbe Nummer hatten wie vor dem Krieg – so wie die Linie 1 nach Wilhelmshöhe. Auch manche Speisen und Gerüche erinnerten an früher.

Ich fand große Teile der Stadt nicht schön aufgebaut und hatte sicher kein „Heimatgefühl" – wohl eine traurige Sehnsucht. Ich war stolz, dass ich als Fremder, als Gast, nach Kassel kam, als jemand, der nun sein eigenes Zuhause hat und nur für einen kurzen Besuch gekommen ist.

Ich habe mich sehr stark mit dem Bestreben meines Vaters identifiziert, in dem ich, genau wie er, den Kasslern erzählen wollte, dass wir als ehemalige Kassler Juden weiter leben, schaffen und Spaß am Leben haben. Ja, dass, *„ihr Kassler sehr viel verloren habt, in dem Ihr uns rausgeschmissen habt!"* Einen Teil von *„unserem früheren Kassel"* haben wir mit nach Israel genommen und dort auf unsere Weise weiter entwickelt.

Ein Teil meiner Motivation, dieses Buch zu erzählen, liegt sicher in derartigen Gefühlen.

Benyamin Maoz
Even Yehuda, 10. Februar 2008

Anmerkungen

[1] Siehe: Cordelia Edvardson, „Gebranntes Kind sucht das Feuer", München/Wien 1986; Carl Friedman, „Vater", Zürich 1993; Lea Kirstein, „Die zweite Generation", Paderborn 2006; Sarah Kofman, „Rue Ordener, Rue Labat", Tübingen 1995; Gila Lustiger, „So sind wir. Ein Familienroman", Berlin 2006; Eva Menasse, „Vienna", Köln 2005.
[2] Sigrid Löffler, „Der Wandel in der deutschen Holocaust-Literatur", eine Sendung der Deutschen Welle, in der Rubrik ‚Kultur und Panorama' gesendet am 26.01.2005; siehe: Soazig Aaron, „Klaras NEIN", Berlin 2003.
[3] Binjamin Wilkomirski, „Bruchstücke. Aus einer Kindheit 1939–1948", Frankfurt/M. 1995, und die Diskussion über das Buch: Daniel Ganzfried, „... alias Wilkomirski – Die Holocaust-Travestie", Berlin 2002.
[4] Den Titel prägte Angelika Trilling nach einem langen Gespräch am 12. Juli 2001 über die Art, mit dem vorhandenen Material umzugehen.
[5] Siehe: Meta Frank, „Schalom, meine Heimat. Lebenserinnerungen einer nordhessischen Jüdin (1914–1994)", Hofgeismar 1994; oder Gideon Greif, Colin McPherson und Laurence Weinbaum, „Die Jeckes. Deutsche Juden aus Israel erzählen", Köln 2000.
[6] Die Erzählstimme wird „Benyamin" genannt. Vor der Emigration aus Kassel heißt das Kind Hans Bernhard.
[7] Die Familie Gotthelft lebte seit dem 18. Jahrhundert in Kassel. Mittelgasse 31 gilt als Stammhaus der Familie; die Familie Plaut wohnte in der Prinzenstraße 14 (heute Pestalozzistraße); die Familie Hallo lebte seit 1731 in Kassel, bekannt vor allem durch die Firma „Gebrüder Hallo – Maler Weißbinder" in der Spohrstraße 1/2. Rudolf Hallo, Kurator am Hessischen Landesmuseum in Kassel, hat Wesentliches zur Kunstgeschichte in Kassel beigetragen. Sein Sohn William Hallo war Rosenzweig-Gastprofessor im Jahr 1991; Wohnstatt waren die Thoméestr. 5, zuletzt die Kölnische Straße 51.
[8] Rosenzweig konsultierte Mosbacher für einen Verlagsvertrag, siehe: Franz Rosenzweig, „Die ‚Gritli'-Briefe – Briefe an Margrit Rosenstock-Huessy", hrsg. von Inken Rühle und Reinhold Mayer, Tübingen 2002, S. 504.
[9] Ders., S. 306.
[10] Ab 1926 hieß das „Casseler Tageblatt" offiziell „Kasseler Tageblatt".
[11] Richard Gotthelft (1907–1933), „Erinnerungen aus guter alter Zeit", Gebrüder Gotthelft, Cassel 1922, S. 31.
[12] Richard Gotthelft, a. a. O., S. 36.
[13] Ebd. Ernst Stern, geboren 1881 in Kemen, gestorben 1963 in London, Chemiker, heiratete Maria Henrietta Gotthelft, genannt Mietze, die zweite Tochter Richard Gotthelfts, geboren 1888 in Kassel, gestorben 1963 in London.
[14] Gershom Scholem, „Von Berlin nach Jerusalem", erweiterte Ausgabe, Frankfurt/M. 1997, S. 32. Ebenfalls Walter Benjamin, „Berliner Kindheit im neunzehnten Jahrhundert", in: Gesammelte Schriften, Bd. 4, hrsg. von T. Rexroth, Frankfurt/M. 1991, darin: ‚Ein Weihnachtsengel', S. 103–105.
[15] Diese Vermutung bestätigt Scholem in seinen Erinnerungen: *„Es wurde behauptet, dies sei ein deutsches Volksfest, das wir nicht als Juden, sondern als Deutsche mitfeiern."*, S. 32.
[16] Walter Benjamin, a. a. O.
[17] Frank-Roland Klaube, „Jüdische Stiftungen in Kassel im 19. und 20. Jahrhundert", Redemanuskript, Eigentum des Autors.
[18] Die B'nei Brit (Söhne des Bundes) ist die größte jüdische gemeinnützige Organisation, die weltweit arbeitet. Sie wurde 1843 in New York gegründet mit ethisch-karitativer Zielsetzung. „Die Gründer waren 12 aus Deutschland stammende Juden – die meisten Handwerker. Einer der Gründer war Henry Jones, früher Heinrich Jonas aus Hamburg." Diese Information stammt aus einem undatierten Vortrag, den Hans Mosbacher in Israel/Palästina ‚Zur Geschichte der Logenideale und Rituale' hielt. Das große „Herder Lexikon" von 1900 hat einen kleinen Eintrag zu dieser Organisation, während die „Encyclopedia Britannica" von 1914 einen längeren Artikel aufweist. Immerhin war diese Loge in den 30er Jahren in

über 40 Ländern vertreten und in fast jeder deutschen Stadt gab es eine Loge. Der Vergleich der beiden Lexika, des Englischen und Deutschen, legt die Vermutung nahe, dass jüdisches Leben von der christlichen Mehrheitsgesellschaft nicht wahrgenommen wurde, nicht als Teil der eigenen Kultur und eigenen Geschichte betrachtet wurde. Die viel gelobte deutsch-jüdische Symbiose war also doch, was Scholem schon als junger Mann realisierte, eine Einbahnstraße, d. h. die Juden betrachteten sich als Teil der deutschen Kultur und des deutschen Lebens, waren Patrioten und deutsche Bürger, aber nur in der Eigenwahrnehmung. Für die Anderen blieben sie unsichtbar. Am Ende des 20. Jahrhunderts, in einer Zeit, in der es kaum noch Juden in Deutschland gibt, und die Wenigen bei weitem nicht die gesellschaftliche, politische oder kulturelle Rolle spielen wie vor 1933, hat sich das öffentliche Interesse am jüdischen Leben, an jüdischer Kultur, Religion und Geschichte radikal verändert. Eine ausgelöschte Kultur wird künstlich neu belebt und so weist auch der fünfbändige „Brockhaus“ von 1968 unter „Bnai Brit“ folgenden Eintrag auf: *„Bnai Brit (Hebräisch Söhne des Bundes) Abk. U.O.B.B., unabhängiger Orden mit ethisch-karitativer Zielsetzung, der sich auf Angehörige des jüdischen Glaubens beschränkt. Er wurde 1843 in New York gegründet.“*
Es hat sich etwas geändert, und dennoch müssen wir uns fragen, warum nicht von einer „jüdischen Organisation“ die Rede ist? Hat die Formulierung, „der sich auf Angehörige des jüdischen Glaubens beschränkt“, nicht einen falschen Zungenschlag?

[19] Nicht nur, dass Yom Kippur, der Versöhnungstag, ein Fastentag ist, den sogar säkulare Juden einhalten, sondern auch, dass Hasenbraten nicht koscher ist.

[20] Dan Diner und Dirk Blasius, „Zerbrochene Geschichte: Leben und Selbstverständnis der Juden in Deutschland“, Frankfurt 1991, Einleitung der Herausgeber, S. 7.

[21] Bar Mitzwah, Sohn des Gesetzes, Bat Mitzwah, Tochter des Gesetzes. Der mit „Sohn/Tochter des Gesetzes“ bzw. „Sohn/Tochter des Gebotes“ übersetzte Begriff deutet die religiöse Mündigkeit des Kindes an. Bar Mitzwah, religionsmündig, wird ein Jude automatisch an seinem dreizehnten, eine Jüdin an ihrem zwölften Geburtstag.

[22] Das Kaddisch ist eines der wichtigsten Gebete im Judentum. Es ist ein Heiligungsgebet (von kadosch, heilig). Im Gegensatz zu fast allen anderen jüdischen Gebeten ist seine Sprache nicht nur Hebräisch, sondern auch Aramäisch. Das Kaddisch soll manchen Angaben nach zehnmal am Tag rezitiert werden. Auch bei den Tagesgebeten und im Gottesdienst nimmt es einen angestammten Platz ein. Hier markiert es die Übergänge zwischen den wichtigsten Abschnitten des Gottesdienstes.

[23] Das Wort „Midrasch“ kommt vom hebräischen „darasch“, und heißt wörtlich so viel wie „suchen“, „fragen“. Gemeint ist die Tätigkeit des suchenden Forschens im Hinblick auf die Heilige Schrift, aber auch das Ergebnis dieses Forschens: also Schriftwerke, die Bibelauslegung enthalten. Der Midrasch bezieht sich immer auf einen autoritativen religiösen Text, in der Regel auf einen Text oder ein Ereignis der Bibel. Er kann in schriftlicher oder mündlicher Form vorliegen, und wird oft in eine Geschichte eingekleidet. Entstanden ist der Midrasch in Palästina.

[24] Franz Rosenzweig, „Die ‚Gritli‘-Briefe“, a. a. O., S. 591. Mit Trudchen ist Gertrud Oppenheimer (1885–1976), Rosenzweigs Cousine, gemeint; Edith Rosenzweig, geb. Hahn, war die Frau Franz Rosenzweigs und führte ein frommes jüdisches Haus; „Mischpoche“ – Jiddish Familie.

[25] Ders., S. 512.

[26] Siehe Fußnote Nr. 88.

[27] Ketuba ist der schriftlich niedergelegte jüdische Ehevertrag. Er wird in aramäischer Sprache verfasst und von zwei Zeugen unterschrieben.

[28] Chupah: der Hochzeitsbaldachin unter dem Braut und Bräutigam zur Trauungszeremonie geführt werden.

[29] Frei nach Amos Oz. Siehe hierzu auch Kapitel 1 „Wie es dazu kam ...“dieses Buches.

[30] Der Talmud (hebräisch: Belehrung, Studium), wörtlich „die Belehrung“, ist das grundlegende Werk der jüdischen Religion, das biblische Grundsätze in ihrer Auslegung, in den Erörterungen der Schriftgelehrten wiedergibt. Der Talmud hält mündliche Ausführungen, Fragen, Antworten und Streitpunkte wie Rätsel fest und gibt ihnen eine verbindliche Gestalt.

[31] In England 1906–1924 entwickelte Wirtschaftsform, in der die Gilde das Eigentum an den Produktionsmitteln beansprucht und ein Mitspracherecht der Arbeiter an der Produktion fordert.
[32] Helene Müller war Sozialarbeiterin und arbeitete mit sozial benachteiligten und behinderten Kindern. Sie war eine gute Freundin der Mosbachers. Und als es für Nicht-Juden schon gefährlich war, mit Juden zu verkehren, besuchte sie ihre Freunde regelmäßig in der Sophienstraße.
[33] Siehe Kapitel 6 „Auswanderung – Palästina".
[34] Die zahlreichen Gräber der gefallenen jüdischen Soldaten des 1. Weltkrieges auf dem jüdischen Friedhof in Berlin-Weißensee zeugen von der jüdischen patriotischen Begeisterung für Deutschland zu Beginn des Ersten Weltkrieges.
[35] Vielleicht ist es unfair, diese Bemerkung aus heutiger Sicht zu machen, fast 100 Jahre danach und noch einen Weltkrieg später, aber sie mögen nur das loyale Verhalten eines patriotischen Juden Deutschland und dem Kaiserreich gegenüber verdeutlichen.
[36] Klar ist ihm aber, dass eine Zeit zu Ende gegangen ist und eine neue Epoche anfängt. Die Briefe in den noch vollen Postsäcken, die er in der öden und leeren Poststelle vorfindet, stammen „aus einer Epoche, die zu ende war". Wusste er es damals schon, oder ist es das Wissen eines Zurückblickenden? Auch der letzte Satz seines Berichtes wirft Fragen auf. „Wir, jetzt die Besiegten, in einer ungewissen Gegenwart, sahen voll Sorge in die Zukunft." Ist die Gegenwart ungewiss, weil Revolution auf den Straßen herrscht, der Kaiser abgedankt hat und nach Holland geflüchtet ist? Wie steht oder stand er zu den politischen Umwälzungen des Jahres 1918? Das sagt der Text nicht aus. Die Gegenwart ist ungewiss, ein sehr allgemeines Wort, das keinerlei Hinweis auf seine politische Orientierung gibt. Aber die Worte „wir, jetzt die Besiegten" deuten auf eine weiterhin treue Haltung dem Deutschen Reich gegenüber und lassen auf eine Selbstdefinition als Deutscher schließen. Vielleicht klingt auch ein wenig Wehmut in diesem letzten Satz mit.
[37] Franz Wallach, 1898 in Kassel geboren und 1997 in Haifa gestorben, war verheiratet mit Gertrud Hallo, einer direkten Nichte Hans Mosbachers, 1901 in Kassel geboren und 1999 in Haifa gestorben; sie war die Tochter seiner Schwester Lotte aus erster Ehe mit Ludwig Hallo.
[38] Dieser Verein vertrat die Interessen der Gemeindemitglieder gegenüber den Gemeindeältesten und dem Vorsteher der Gemeinde.
[39] Der Israelitische Krankenpflegeverein war einer der ältesten aller jüdischen Vereine. Gegründet am 3. März 1773 wurde er eingerichtet, um „die Pflege der Kranken und die Bestattung der Toten zu gewährleisten". Bedürftige Kranke wurden auch finanziell unterstützt. Siehe: „Volksgemeinschaft und Volksfeinde", Kassel 1933–1945, Bd. 2, hrsg. von Wilhelm Frenz, Jörg Kammler und Dietfrid Krause-Vilmar, Kassel 1987, S. 155.
[40] Am 21. November 1802 gründete Lucius Liffmann (1772–1803), der erste jüdische praktische Arzt Kassels, die Gesellschaft. Laut Satzung war der Zweck des Vereins die gegenseitige Unterstützung der Mitglieder in Krankheitsfällen und bei finanzieller Not sowie Wohltätigkeit gegenüber Dritten.
[41] Eine Frage stellt sich jedoch bei diesem fröhlichen, politikvergessenden Feierkult: Was meint die Satzung, wenn sie von „Ausländern oder Deutschen, die auswandern", spricht? Gab es schon Freunde, die in den 20er Jahren an Auswanderung gedacht haben? Gab es darüber Diskussionen? Hat man überhaupt die politische Entwicklung diskutiert? Oder war man überzeugt „im für Juden sichersten Land Europas" zu leben und meinte nur den Umzug von Wilhelmshöhe in die Stadt herunter?
[42] Dieser kleine Aufsatz stammt ebenfalls aus dem fadengebundenen und handgeschriebenen Buch zum 40sten Geburtstag Hans Mosbachers.
[43] Die „Kameraden" waren gewissermaßen die Vorläufer der Werkleute. Anfangs gingen sie wie die Wandervögel vor allem auf Fahrten, aber allmählich wurden sie, auch unter dem Einfluss von Martin Buber, immer stärker zionistisch in ihrer Orientierung. Der Kibbutz Hazorea wurde von den Werkleuten gegründet.

[44] Der Ursprung dieses Geburtstagsmarsches liegt im Dunkeln. Vielleicht hat Clara Mosbacher die Idee des Marsches aus der Gotthelft-Familie in ihre eigene Familie gebracht. In den Memoiren Richard Gotthelfts ist zu lesen, dass die Familie in der Mittelgasse 33 im Hause des Lederhändlers Schoppach wohnte. Beide Familien verband eine sehr enge Freundschaft, sodass: „Wenn Geburtstag von Onkel Christian und Tante Rickchen war und die beiden Kinder Luise und Johanna morgens um 6 Uhr das Geburtstagskind mit einem Klavierständchen weckten, wurde damit nicht eher begonnen, bis Gotthelfts Kinder unten waren; erst dann konnte der Hochzeitsmarsch aus dem ‚Sommernachtstraum' erklingen." Richard Gotthelft, a. a. O., S. 24.

[45] Zitiert nach „Volksgemeinschaft und Volksfeinde", a. a. O., S. 60.

[46] Ebd.

[47] Ebd., S. 169.

[48] Ebd., S. 170.

[49] Ebd.

[50] Das Haus wurde bei dem Bombenangriff auf die Stadt zerstört. Heute befindet sich an dem ehemaligen Ort eine Gedenktafel.

[51] 28.03.1933, Vermerk des Polizeipräsidenten Kassel, von Kottwitz, über die Misshandlungen von jüdischen Rechtsanwälten, Kaufleuten usw. am 24. und 25. März 1933 (Seiten 1–8), Archiv: StAM 165-3982, Bd. 10, S. 25–28R.

[52] Ebd.

[53] Ebd.

[54] Julius Dahlberg (1882–1943) überlebte die Misshandlungen. Er wurde aber am 1. September 1933 in das Konzentrationslager Breitenau gebracht. Nach seiner Entlassung floh er nach Amsterdam, von wo aus er 1943 zuerst in das Lager Westerbork und anschließend in das Vernichtungslager Sobibor deportiert und ermordet wurde. Aus „Namen und Schicksale der Juden Kassels 1933–1945", Beate Kleinert und Wolfgang Prinz, Kassel 1986, S. 93–94.

[55] Dr. Max Plaut war der Bruder von Ernst Plaut, der mit Aenne Mosbachers Schwester Liese verheiratet war.

[56] Käthe und Ludwig Katzenstein wohnten in der Kaiserstraße 50, heute Goethestraße; Liese und Ernst Plaut in der Prinzenstraße 8, heute Pestalozzistraße.

[57] Pessach: Das Fest der Befreiung des Volkes Israel aus der Knechtschaft in Ägypten. Der Sederabend wird am Abend davor als großes Familienfest mit rituellen Speisen gefeiert und es wird die Pessach Haggadah gelesen, sie ist die Liturgie, nach der am Sederabend in jüdischen Familien des Auszuges aus Ägypten gedacht wird.

[58] Hilde Kaufmann, geb. Katzenstein, war eine Enkelin von Richard Gotthelft und die Tochter Auguste Gotthelfts (geb. 1885 in Kassel, gest. 1960 in Haifa). Auguste heiratete Joseph Katzenstein (geb. 1876 in Grebenstein, gest. 1929 in Berlin). Ihre Tochter Hilde, geboren 1906 in Kassel, heiratete Alfred Kaufmann, geboren 1901 in Tiernheim. Hilde und Alfred Kaufmann gingen von Israel nach Santa Rosa, Kalifornien, wo sie bis an ihr Lebensende lebten.

[59] Ein Stadtteil Jerusalems in dem vorwiegend deutsche Juden wohnten.

[60] Beth Ha Kerem liegt 7 km westlich von Jerusalem. Nach einer auf das 6. Jahrhundert zurückgehenden Überlieferung ist es der Geburtsort von Johannes dem Täufer, auch soll laut der Überlieferung Maria hier Rast gemacht haben. Im modernen Israel haben sich dort viele Künstler niedergelassen.

[61] WIZO: gegründet 1920, ist die größte internationale Frauenorganisation der Welt mit 250.000 Mitgliedern in 50 Ländern und 800 Institutionen. Sie nimmt sich in zahlreichen Projekten der Frauen, Kinder und älteren Menschen in Israel an, und zwar ungeachtet deren Nationalität und Religionszugehörigkeit.

[62] Meir Dizengoff, der erste Bürgermeister Tel Avivs, gründete zusammen mit anderen die Geulah Company, zu der auch der Schiffbau gehörte.

[63] Walter Katz war Kaufmann gewesen und wohnte früher in der Kaiserstraße 132.

[64] „Volksgemeinschaft und Volksfeinde", a. a. O., S. 190.

[65] Die Familie Goldschmidt wohnte am Kirchweg 80. Lisel Kahn, Tochter der Familie

Goldschmidt, hat sehr eindrückliche Erinnerungen an ihre Jugend in Kassel geschrieben, „Erinnerungen an Vergangenes".

[66] SS-Hauptscharführer Eichmann und St-O'Scharf Hagen schreiben in ihrem Bericht über ihre Palästina-Ägypten Reise vom 26. September bis zum 26. Oktober 1937, dass sie ihre Rückreise von Alexandrien aus am 20. Oktober 1937 mit dem italienischen Dampfer „Palestina" antraten.

[67] In Palästina trafen sich Eichmann und Hagen mit Dr. Franz Reichert, dem Leiter des Deutschen Nachrichtenbüros (DNB) in Jerusalem, der Feivel Polkes als jüdischen V-Mann für den deutschen Sicherheitsdienst (SD) der SS angeworben hatte. Polkes war ein fanatischer National-Zionist. Er hatte eine hohe Position bei der Hagana (zionistische paramilitärische Organisation in Palästina während des britischen Mandats (1920–1948)), und sah seine Aufgabe in der Bekämpfung der Kommunisten, Briten und des Assimilantentums. Durch seine Position bei der Hagana verfügte er über Informationen des britischen Nachrichtendienstes, die er an den SD weitergab. Ferner versprach er dem deutschen Reich, seine außenpolitischen Interessen im Vorderen Orient zu unterstützen, ihm Erdölquellen zuzuspielen, wenn die Devisenpolitik des Deutschen Reiches für die nach Palästina auswandernden Juden gelockert würden. Polkes erhielt, auf Vermittlung von Dr. Reichert, für seine Dienste von Eichmann monatlich 10 britische Pfund zugewiesen. Eichmann hatte für diese Reise zwei Zivilanzüge beantragt: Einen dunklen für offizielle Anlässe sowie einen hellen als Straßenanzug, um dem Klima entsprechend gekleidet zu sein. Der helle Anzug wurde nicht genehmigt. Für diese Information danke ich meinem Freund Thomas Ewald, Kassel; die restlichen Informationen stammen aus dem Anhang des Buches: Lenni Brenner, „Zionismus und Faschismus", Berlin 2007.

[68] Gespräch mit Hilde Wallach am 11. September 2000.

[69] Abram erhält von Gott, nachdem er mit ihm den Bund geschlossen hat, den neuen Namen Abraham (1. Mose 17, 5). Jacob erhält den Namen Israel nach seinem Kampf mit dem Engel (1. Mose 35, 10).

[70] Rabbiner Dr. Paul Lazarus, früher Wiesbaden, geboren in Duisburg 1888, gestorben in Haifa 1951.

[71] Georges Arthur Goldschmidt, „Der Stoff des Schreibens. Essay", Berlin 2005, S. 15.

[72] Purim, von Pur hebräisch Los, ist ein Fest, das an die Errettung des jüdischen Volkes aus drohender Gefahr in der persischen Diaspora erinnert. Die Geschichte wird im Buch Esther erzählt. Haman, der höchste Regierungsbeamte des persischen Königs Ahasveros, plant, alle Juden im Perserreich an einem durch Los bestimmten Tag auszurotten. Königin Esther führt jedoch durch Fasten und Gebet die Rettung herbei.

[73] Megillah ist der Ausdruck für die Schriftrolle, auf der das Buch Esther geschrieben ist, und aus dem es verlesen wird. Megillah in Jiddish bedeutet eine lange langweilige Geschichte.

[74] Zu Purim wird in den meisten jüdischen Gemeinden die Esthergeschichte auf der Bühne dargestellt.

[75] Chanukkah (Lichterfest) erinnert an die Wiedereinweihung des zweiten jüdischen Tempels in Jerusalem im jüdischen Jahr 3597 (164 AD/neu: CE Current Era) nach dem erfolgreichen Makkabäeraufstand der Juden Judäas gegen hellenisierte Juden und makedonische Syrer, wie es im ersten Buch der Makkabäer und auch im Talmud überliefert ist.

[76] Greif, McPherson und Weinbaum, „Die Jeckes", a. a. O.

[77] Salomon Hermann Mosenthal, „Erzählungen aus dem jüdischen Familienleben", hrsg. mit einem Nachwort von Ruth Klüger, Göttingen 2001.

[78] Nach der biblischen Erzählung (1. Samuel 28) führte Saul, der erste König Israels, Krieg gegen die Philister und wähnte sich in aussichtsloser Lage. Da Gott ihm auf seine Fragen keine Antwort gab, suchte er nach einem „Weib, das einen Wahrsagegeist hat" und fand dieses in der Hexe von Endor, einer Wahrsagerin und Totenbeschwörerin. In der Bibel wird Sauls Besuch in Endor als Treulosigkeit gegenüber Gott bewertet, der ihn nicht zuletzt deshalb umkommen ließ.

[79] Chawer: hebräisch Freund.

[80] Hisdadruth: israelische Gewerkschaft, Mumchah: Experte, Machlawah: Molkerei, Lebben: magerer Joghurt, Oseret: Putzfrau.
[81] Paul und Kläre Ehrenberg, Weinbergstraße 35, hatten keine eigenen Kinder und haben, was ungewöhnlich war, zwei christliche Jungen adoptiert, Heinz und Otto Ehrenberg. Heinz wohnt noch heute in der Region Kassel, Otto lebt in New York und ist Psychoanalytiker.
[82] Das Wirtshaus „Alte Drusel" lag an der Straße zum Herkules schräg gegenüber der „Neuen Drusel" in Richtung Herkules.
[83] Mitte Januar 1944 wurden die Söhne von dem Kriminalangestellten der Gestapo, Werner Wöhlecke, vorgeladen und dieser erklärte ihnen, dass ihr Vater „verreckt" sei. Später erhielten sie vom Standesamt II in Auschwitz eine „Sterbeurkunde" ihres Vaters, Eduard Israel Kahn, in fünffacher Ausführung, wofür anscheinend eine Gebühr von 4,- RM erhoben wurde. Die Söhne scheinen dagegen Einspruch erhoben zu haben, denn ein vom 20. März datiertes Schreiben des Standesbeamten Rehm bestätigt, dass ihnen die 4,- RM zurückerstattet werden. Alle Dokumente liegen im Stadtarchiv Kassel.
[84] Die Informationen verdanke ich Gunnar Richter von der Gedenkstätte Breitenau, der mir Akten aus dem Stadtarchiv Kassel und der Gedenkstätte Breitenau großzügig zur Verfügung stellte.
[85] Die entsprechenden Unterlagen der Landesarbeitsanstalt und des Landesfürsorgeheims Breitenau, mit einem Schreiben der Geheimen Staatspolizei Kassel und einem genauen Verzeichnis der mitgebrachten Kleidungsstücke und deren Wert, liegen ebenfalls im Stadtarchiv Kassel. Auch diese verdanke ich Gunnar Richter. Auf dem Deckblatt der Akte ist vermerkt: „Akten für Charlotte Sara Breiding, geb. in Kassel, Geheime Staatspolizei. Zugang: 22. Oktober 1940 – Abgang: 1. November 1940".
[86] „Die Schwarzen": eine unfreundliche Bezeichnung für die Orthodoxen, wegen ihrer schwarzen Mäntel und Hüte. Außer in den Kibbutzim unterstehen in Israel Beerdigungen dem orthodoxen Rabbinat und werden von der so genannten „Beerdigungsgesellschaft" „Chewra Kadisha" durchgeführt.
[87] Zum jüdischen Trauerritus gehört es, dass die Trauernden bei der Trauerfeier in die obere Trauerkleidung einen „Riss" einschneiden als ein äußeres Zeichen des Schmerzes und der Trauer. Der „Riss" darf erst nach 30 Tagen wieder vernäht werden, auch dann, wenn dieses Kleidungsstück nicht getragen wird.
[88] Beit Daniel – Lilian Friedlander, geborene Bentwich, gründete das Haus in Andenken an ihren Sohn Daniel, ein hochbegabter Musiker, der im Alter von 18 Jahren durch Selbstmord aus dem Leben schied. Viele bedeutende Musik-Events haben dort stattgefunden; Musiker wie Leonard Bernstein, Isaac Stern, Aaron Copland und Yehudi Menuhin genossen die Gastfreundschaft von Beit Daniel. Das Haus sollte Künstlern und Künstlerinnen als Erholungsheim dienen. Anfangs kamen nur Musiker, später wurden weitere Gebäude errichtet für Maler und Schriftsteller. Die Familie Bentwich, eine Familie von vielen begabten Musikern und Malern, stellte das Haus großzügigerweise aber auch Verwandten und Freunden zur Verfügung. Da Anni Wertheims (geb. Dispecker) Tochter, Ruth Wertheim, später Bär, mit Miriam Mosbacher befreundet war, konnten Mosbachers auch im Beit Daniel Ferien machen und an den künstlerischen Veranstaltungen teilnehmen. Die Gebäude und der umgebende Park, ein Areal von 77.000 m^2 in Zichron Yaakov in der Nähe von Tel Aviv, werden heute von der Open University in Tel Aviv genutzt.
[89] Kaddisch: Das Kaddisch ist eines der wichtigsten Gebete im Judentum. Es ist ein Heiligungsgebet (von kadosch, heilig). Im Gegensatz zu fast allen anderen jüdischen Gebeten ist seine Sprache nicht nur Hebräisch, sondern auch Aramäisch. Das Kaddisch wird außerdem zum Totengedenken gesprochen. Im Anschluss an einen Todesfall in der engeren Familie wird es vom (nächsten männlichen) Angehörigen 11 Monate lang täglich gesprochen. Am Jahrestag eines Todesfalles wird es noch einmal gesprochen. Damit endet diese Form ritualisierter Trauer. Das Gebet ist im Wesentlichen eine Lobpreisung Gottes. Obwohl sich mit der Zeit Assoziationen mit Tod und Trauer entwickelt haben, erscheinen diese Begriffe nicht selbst im Gebet.

[90] MB – Mitteilungsblatt, deutschsprachige Wochenzeitung des Irgun Olej Merkas Europa – Club of Central European Immigrants, d. h. der Einwanderer aus Zentraleuropa, gegründet in Palästina 1932. Die Zeitung erscheint heute noch in unregelmäßigen Abständen. Der Nachruf erschien in MB Nr. 40 vom 23.11.1973, S. 8.

[91] AJR Information: Association of Jewish Refugees in G. B. (Journal). Die Zeitschrift wurde 1941 in England vor allem von deutschsprachigen jüdischen Immigranten gegründet. Herbert Friedenthal, später Freeden, war ihr erster Chefredakteur. Die Zeitschrift erscheint heute noch unter dem Namen „AJR Journal".

[92] Hans Mosbacher, „Die Gesinnung des Volkes im Nazireich", in: MB Nr. 28, Jahrgang 34, Tel Aviv, 18. Juli 1966.

[93] MB, Nr. 40, a. a. O.

[94] Ernst Akiba Simon, 15. März 1899 Berlin–18. August 1988 Jerusalem, israelischer Religionsphilosoph, Pädagoge und Historiker deutscher Herkunft. 1928 emigrierte Simon mit seiner Ehefrau nach Palästina und wirkte dort als Dozent für Theologie und Philosophie an der Hebräischen Universität Jerusalem. Zusammen mit Martin Buber und Gershom Scholem wurde er Mitglied im Brit Shalom (Friedensbund), der sich für die jüdisch-arabische Verständigung sowie einen bi-nationalen jüdisch-palästinensischen Staat einsetzte. Auch nach der Staatsgründung Israels gehörte Simon mit einigen anderen Intellektuellen zu den Kritikern der israelischen Politik. 1955 war er maßgeblich an der Gründung des Leo-Baeck-Instituts beteiligt. Gastprofessuren und Vortragsreisen führten ihn immer wieder nach Europa und in die USA.

[95] Ashkenasim (deutsch: Aschkenasen) ist die Selbstbenennung der West- und Ostjuden, die eine gemeinsame religiöse Tradition und Kultur verbindet. Als Sephardim bezeichnen sich die Juden und ihre Nachfahren, die bis zu ihrer Vertreibung 1492 und 1531 in Portugal und Spanien (Andalusien) lebten und sich nach ihrer Flucht zum größten Teil in Nordafrika, vor allem in Marokko in den Hafenstädten Fes und Casablanca und im östlichen Mittelmeerraum wie z. B. Griechenland und Türkei – wegen der günstigen Hafenlage und den zahlreichen dort vorhandenen Rohstoffen –, aber auch zum kleinen Teil in Nordeuropa, insbesondere den Seehandelsstädten der Niederlande, da insbesondere in Amsterdam, und Norddeutschlands, in Hamburg, aber auch in Amerika und Indien ansiedelten. Ihre Kultur basierte weiterhin auf der iberischen Kultur. Darin unterscheiden sich Sephardim von den kulturell deutsch geprägten Aschkenasim aus Mittel- und Osteuropa.

Erinnern und Erben in Deutschland

Versuch einer Öffnung

Herausgegeben von Eva Schulz-Jander, Birgit Jansen, Angelika Trilling, Eveline Valtink und Michael Fecke

1999 • 335 Seiten mit 12 Abbildungen • Euro 24,90
ISBN 978-3-933617-03-3

Mit Beiträgen von Aleida Assmann, Dan Bar-On, Heinz Bude, Esther Dischereit, Hilde Domin, Ursula Duba, Evelyn Friedlander, Heiner Georgsdorf, Jürgen Gidion, Jacqueline Giere, Frank-Rutger Hausmann, Martin Hein, Horst Hoheisel, Hans Keilson, Erna-Gisela Kölbel, Gottfried Kößler, Volkhard Knigge, Benyamin Maoz, Petra Mumme, Herfried Münkler, Christoph Münz, Hartmut Radebold, Tuvia Rübner, Helmut Schreier, Eva Schulz-Jander, Lore Walb, Silke Wenk, Jan Wojnar und Penny Yassour.

„Fragt uns, wir sind die letzten!" Können Jüngere mit heute alten ZeitzeugInnen des Nationalsozialismus in einen Dialog gelangen? Wie war es bei dir, bei Euch? Wie ist es für mich, für uns? Was folgt?

In *Erinnern und Erben in Deutschland* geht es um die Opfer und Überlebenden, die MitläuferInnen, ZuschauerInnen und TäterInnen und um die nachfolgenden Generationen. Das Buch sammelt Erinnerungen, Gedenken, Nach-Fühlen und Sichtbarmachen aus der „Ersten Generation". Zum anderen zeigt es neue persönliche, kulturelle und wissenschaftliche Möglichkeiten des Erbens in der und aus der „Zweiten", „Dritten" und „Vierten Generation". Die Fokussierung auf Opfer und Täter sowie ihre jeweiligen Nachkommen unterstreicht zum einen die Tatsache der gespaltenen Erinnerung – Opfer und Täter können niemals die gleiche Erinnerung haben. Zum anderen verdeutlicht sie den Wandel des kollektiven Gedächtnisses innerhalb einer Gesellschaft, bedingt unter anderem durch den Generationenwechsel: Das kollektive Gedächtnis ist somit nur im Plural zu verstehen. Jede Generation, und darin wiederum jede Gruppe, verfügt über ihre eigene Erinnerung, ihr eigenes Erbe.

Rezension „... Nachdrücklich erinnern uns die lesens- und bedenkenswerten Beiträge an die Unmöglichkeit der Versuche, den Holocaust historisch werden zu lassen, ihn gleichsam stillzustellen. Der Sammelband unterstreicht eindrucksvoll, dass die mit dem Holocaust gegebenen Fragen offengehalten werden müssen und jede Antwort, die der Geschichte einen ‚Sinn' abzuringen versucht, fragwürdig bleiben muss. Die von den einzelnen Beiträgern dieses Bandes immer wieder in den Mittelpunkt gerückte ‚anamnetische Ethik' schärft gerade an der Schwelle des neuen Jahrhunderts das Bewusstsein dafür, dass jedem Wissen ein Nicht-Wissen, jeder Erinnerung ein Vergessen und jeder Kohärenz der menschlichen Sprache nach Auschwitz ihre Inkohärenz eingeschrieben ist." Axel Schulz in literaturkritik.de: